Claus Gigl / Wolf Dieter Hellberg / Jutta von der Lühe / Wolfgang Megow

Klassenarbeiten wie in der Schule Deutsch 5. – 8. Klasse

Gymnasium

Klett Lerntraining

Autoren
Klassenarbeiten 5/6: 01–06: Wolf Dieter Hellberg/ Wolfgang Megow
07–12: Claus Gigl

Klassenarbeiten 7/8: 01–06: Jutta von der Lühe/ Wolfgang Megow
07–12: Claus Gigl

Bibliografische Information der Deutschen Nationalbibliothek
Die Deutsche Nationalbibliothek verzeichnet diese Publikation in der Deutschen Nationalbibliografie; detaillierte bibliografische Daten sind im Internet über http://dnb.d-nb.de abrufbar.

Auflage 4 3 2 1 | 2016 2015 2014 2013
Die letzten Zahlen bezeichnen jeweils die Auflage und das Jahr des Druckes.
Dieses Werk folgt der gültigen Rechtschreibung und Zeichensetzung.
Ausnahmen bilden Texte, bei denen künstlerische, philologische oder lizenzrechtliche oder andere Gründe einer Änderung entgegenstehen.

Internetadresse: www.klett.de/lernhilfen
Redaktionsassistenz: Verena Mahnsheimer
Illustrationen: S. 26, 28: Katja Rau, Fellbach
Satz: Arnold & Domnick, Verlagsproduktion – alle Medien, Leipzig
Druck: Medienhaus Plump, Rheinbreitbach
Printed in Germany
ISBN 978-3-12-927062-2

9 783129 270622

Inhaltsverzeichnis

KLASSENARBEITEN 7./8. KLASSE

LÖSUNGEN KLASSENARBEITEN 5./6. KLASSE

LÖSUNGEN KLASSENARBEITEN 7./8. KLASSE

So hilft dir das Buch!

Liebe Schülerin, lieber Schüler,

du willst **perfekt vorbereitet** in die nächste **Klassenarbeit** gehen?
Dann teste dich mit unseren „Klassenarbeiten" und du wirst wissen, wie gut du bist.

Die **24 Klassenarbeiten** in diesem Band decken alle **wichtigen Themen** der Klassen 5–8 im Fach Deutsch ab.
Jede Klassenarbeit ist auf **45 Minuten** angelegt und allen Aufgaben sind **Punkte** zugeordnet – **wie in der Schule**.

Mit den **ausführlichen Lösungen** und **Selbstbewertungsbögen** kannst du ohne fremde Hilfe kontrollieren, ob du alles richtig gemacht hast. Dann weißt du auch genau, was der Lehrer von dir erwartet.

Zusätzliche Tipps bei den Lösungen geben dir Hinweise auf besondere **Stolpersteine** und erinnern dich an wichtige **Regeln** und **Vorgehensweisen**. Deine **Note** kannst du sofort in der Tabelle ablesen, wenn du alle erreichten Punkte zusammengezählt hast.

So benutzt du das Buch:

45 Minuten

Zeitvorgabe
An jeder Klassenarbeit findest du eine Zeitvorgabe. Nimm dir eine Uhr und versuche innerhalb der angegebenen Zeit die Aufgaben selbstständig zu lösen.

1/6 Blätter

Organisation
Die Blattangabe hilft dir bei der Zeiteinteilung – so siehst du schnell, wie viele Seiten du in der vorgegebenen Zeit noch bearbeiten musst.

Lösung S. 89

Lösungen
An jeder Klassenarbeit steht direkt, wo du die zugehörigen Lösungen findest. Das verschafft dir einen schnellen Überblick und verhindert lästiges Blättern.

Schritt 1
Suche dir im Inhaltsverzeichnis die passende Klassenarbeit zu dem Thema heraus, das du gerade in der Schule behandelst.

Schritt 2
Nimm dir 45 Minuten Zeit und versuche, die Aufgaben selbstständig zu lösen. Lege dir auch alle zusätzlich benötigten Materialien, Stifte, Papier usw. bereit.

Eine Bildergeschichte erzählen

01 KLASSENARBEIT

45 Minuten

1/1 Blätter

Lösung S. 90

AUFGABE

Schreibe zu der unten abgebildeten Bilderfolge eine spannende Geschichte aus der Perspektive des Vaters.

Denke dabei daran, dass

- deine Geschichte eine Einleitung und einen Schluss haben muss,
- du zügig auf den Höhepunkt oder die Pointe zu erzählst,
- du einen Zusammenhang zwischen den Bildern herstellst.

Schritt 3
Vergleiche dein Ergebnis mit der Musterlösung hinten im Buch und korrigiere dich.

Deutsch 5/6 | Lösungen zu Klassenarbeit 01

LÖSUNGSTEIL

AUFSATZ

Ein starkes Stück (1)

Ich werde nie vergessen, wie es mir einmal gelungen ist, meinen Sohn und einen furchterregenden Menschen von meinen ungeahnten Kräften zu überzeugen. (2)

Nachdem ich gerade einen schon recht hoch gewachsenen Baum in unserem Garten mühevoll eingepflanzt und den Spaten nach vollbrachter Ar-

(1) Ein **Titel**, der den Höhepunkt der Erzählung andeutet, erzeugt Spannung!

(2) Die **Einleitung** soll auf die Erzählung hin führen und Spannung erzeugen, ohne schon Wichtiges zu verraten.

Schritt 4
Nun kannst du mit Hilfe des Selbstbewertungsbogens deinen Aufsatz Punkt für Punkt überprüfen und dir jeweils für Inhalt, Sprache, Rechtschreibung usw. Punkte geben.

SELBSTBEWERTUNGSBOGEN:
EINE BILDERGESCHICHTE ERZÄHLEN

Folgende Bewertungspunkte solltest du erfüllen: Du hast …	Höchstpunktzahl		Deiner Meinung nach erreichte Punktzahl
die Erzählung			
• in einem Schreibplan klar gegliedert,	5		
• in einem zusammenhängenden Text	5	10	

Schritt 5
Zähle deine Punkte zusammen und lies in der Tabelle ab, welche Note du erreicht hast.

MEIN ERGEBNIS

Punkte	80–75	74–69	68–63	62–57	56–51	50–45	44–38	37–31	30–24	23–17	16–0
Note	1	1,5	2	2,5	3	3,5	4	4,5	5	5,5	6

5. / 6. Klasse

Eine Bildergeschichte erzählen

01

KLASSENARBEIT

45 Minuten

1/1 Blätter

Lösung S. 90

AUFGABE

Schreibe zu der unten abgebildeten Bilderfolge eine spannende Geschichte aus der Perspektive des Vaters.

Denke dabei daran, dass

- deine Geschichte eine Einleitung und einen Schluss haben muss,
- du zügig auf den Höhepunkt oder die Pointe zu erzählst,
- du einen Zusammenhang zwischen den Bildern herstellst.

Nacherzählen aus veränderter Perspektive

02

KLASSENARBEIT

45 Minuten

1 / 3 Blätter

Lösung S. 94

AUFGABE 1

Lies die Till-Eulenspiegel-Geschichte auf Seite 12/13 und markiere am Rand die Erzählschritte.

AUFGABE 2

Trage die Gedanken und Gefühle des Spitalmeisters in den Erzählplan ein.

	Gedanken des Spitalmeisters:	Gefühle des Spitalmeisters:
1. Erzählschritt = Einleitung		
2. Erzählschritt		
3. Erzählschritt		
Höhepunkt		
Schluss		

AUFGABE 3

Versetze dich in die Situation des Spitalmeisters und erzähle den Höhepunkt (ab Zeile 17) und den Schluss der Eulenspiegelgeschichte aus seiner Sicht (= Perspektive).

Text:

Die 18. Geschichte erzählt, wie Eulenspiegel in einem Spital[1] an einem Tage alle Kranken ohne Arznei gesund machte.

Einmal kam Eulenspiegel nach Nürnberg, nagelte große Plakate an die Kirchtüren und an das Rathaus. Er teilte darauf mit, dass er ein guter Arzt für alle Krankheiten sei.

Zu dieser Zeit befand sich eine große Zahl kranker Menschen in dem neuen Spital, so dass es völlig überfüllt war. Der arme Spitalmeister[2] war ganz verzweifelt und wusste nicht ein noch aus. So entschloss er sich zu dem neuen Doktor zu gehen. Er fragte ihn, ob er auch seinen Kranken helfen könne. Er werde dafür auch gut bezahlen.

Der unbekannte Doktor versprach: „Ich will die Kranken gesund machen, wenn ich 200 Gulden dafür bekomme.“ Der Spitalmeister war einverstanden. Und Eulenspiegel erklärte großzügig, dass der Spitalmeister ihm keinen Pfennig zu geben brauche, wenn die Kranken nicht gesund würden. Das gefiel dem Spitalmeister sehr gut, und er gab dem Unbekannten 20 Gulden Vorschuss.

Eulenspiegel ging in das Spital und fragte jeden Kranken, welche Krankheit er habe. Bevor er die Kranken verließ, flüsterte er jedem einzelnen Patienten in das Ohr: „Was ich dir jetzt sagen werde, das sollst du als Geheimnis bei dir behalten, du darfst es niemandem verraten. Wenn ich euch gesund machen soll, kann ich das nur folgendermaßen tun: Ich muss einen von euch zu Pulver verbrennen und dies den anderen zu trinken geben. Den Letzten, der den Krankensaal verlässt, wenn ich rufe: ‚Wer nicht krank ist, der komme sogleich heraus!‘, werde ich daher zu Pulver verbrennen.“

1 Spital = Krankenhaus
2 Spitalmeister = Direktor des Krankenhauses

Am nächsten Morgen erschien Eulenspiegel mit dem Spitalmeister in der Tür des Spitals und rief mit lauter Stimme: „Wer da nicht krank ist, der komme sogleich heraus!“ Sofort begannen alle Kranken zu laufen, sogar Kranke, die in zehn Jahren nicht aus dem Bett gekommen waren. Als das Spital nun ganz leer war und die Kranken alle draußen waren, verlangte Eulenspiegel von dem Spitalmeister seinen Lohn und sagte, er müsse eilig in eine andere Gegend reisen. Der Spitalmeister gab ihm das Geld mit großem Dank, und Eulenspiegel ritt hinweg.

Doch nach drei Tagen kamen die Kranken wieder zurück, und alle klagten über ihre alten Krankheiten. Da wunderte sich der Spitalmeister und fragte, was da geschehen sei. Ein Kranker verriet dem Spitalmeister, womit Eulenspiegel ihnen gedroht hatte.

Da merkte der Spitalmeister, dass er von Eulenspiegel betrogen war.

Über ein Ereignis berichten

03

KLASSENARBEIT

45 Minuten

1/2 Blätter

Lösung S. 100

AUFGABE 1

Beantworte zunächst stichwortartig anhand der verschiedenen Aussagen zu dem Vorfall (siehe Arbeitsmaterial) die sieben W-Fragen, auf die ein Bericht eingehen muss.

AUFGABE 2

Schreibe anschließend einen Zeitungsbericht, wie ihn ein Reporter für den Regionalteil einer Zeitung verfassen könnte. Verwende dazu deine Vorarbeiten. Lass die Schülerin in deinem Bericht zu Wort kommen!

Arbeitsmaterial:
Verschiedene Aussagen zu dem Vorfall und Auszug aus dem Polizeibericht.

Busfahrer (54 Jahre alt):

„An der Haltestelle „Büchner-Gymnasium" waren noch einige Schüler zugestiegen, und mein Bus war vollbesetzt. Kurz nach der Haltestelle auf der Friedrichstraße merkte ich, wie mir schwarz vor Augen wurde. Mein Füße rutschten von den Pedalen, und ich fiel seitwärts von meinem Sitz in den Gang. Dann wachte ich erst im Krankenhaus wieder auf."

1. Zeuge:

„Das muss kurz nach ein Uhr gewesen sein, ich blickte von meiner Zeitung auf. Da sah ich zu meinem Entsetzen, wie der Busfahrer ohnmächtig auf dem Boden lag. Ein junges Mädchen kletterte wie ein Eichhörnchen auf den Fahrersitz und bekam irgendwie den Bus zum Stehen."

2. Zeuge:

„Das Mädchen saß in der ersten Reihe, direkt hinter dem Fahrer. Sie hatte gerade erst ihre Schultasche hingestellt, als das passierte."

3. Zeuge:

„Ich merkte zunächst, dass der Bus langsamer fuhr. Mit einem Mal bremste der Bus so stark, dass ich nach vorne fiel und mich leicht verletzte. Ich habe dann später festgestellt, dass zwei weitere Personen gleichfalls leicht verletzt waren."

Die Schülerin Jana B. (10 Jahre alt):

„Ich bin in der 5. Klasse des Büchner-Gymnasiums in W. Wir hatten an diesem Tag schon früher aus, die 6. Stunde war ausgefallen. Ich wartete mit meiner Freundin an der Bushaltestelle, wir sprachen über die Jungen in meiner Klasse, da kam der Bus. Ich hatte mich, wie immer, hinter den Fahrer gesetzt und schaute durch die Frontscheibe auf die Straße. Ich dachte noch, der Busfahrer muss doch jetzt bremsen, denn die Ampel an der nächsten Kreuzung war gerade auf Rot umgesprungen, da sah ich wie der Fahrer vom Sitz rutschte und zu Boden fiel. Mit einem Satz sprang ich auf den Fahrersitz und trat wie verrückt auf die Bremse. Ich versuchte das Steuerrad ganz ruhig zu halten. Jetzt half mir, dass ich dem Busfahrer immer beim Fahren zugeschaut habe."

Polizeibericht vom 23. Juni 2008

… Der vollbesetzte Bus der Linie 18 kam nach etwa 40 Metern kurz vor der roten Ampel an der Kreuzung Friedrichstraße/Lessingstraße zum Stehen. Das rasche Eingreifen einer Schülerin verhinderte einen schweren Unfall.

Einen Bericht aufgrund von Sachinformationen schreiben

04

KLASSENARBEIT

45 Minuten

1 / 2 Blätter

Lösung S. 104

AUFGABE

Stelle dir vor, du bist Reporter bei einer Tageszeitung. An einem Montagmorgen erreicht dich die Eilmeldung einer folgenschweren Katastrophe.

a) Verfasse aus den folgenden Stichwörtern einen sachlichen Zeitungsbericht.
Ordne dabei alle Stichwörter den Fragewörtern in der Tabelle zu und ergänze sie mit deinen eigenen Worten.

b) Gib deinem Bericht einen passenden Titel (gegebenenfalls auch Untertitel).

WAS?	Bohrinsel gesunken am späten Sonntagabend,
WER?	230 Menschen, 53 Vermisst, ca. 28 Tote Froschmänner, 149 lebend geborgen
WANN?	Später Sonntagabend
WO?	In der Nordsee vor der norwegischen Küste
WIE?	
FOLGEN?	
WARUM?	

Stichwörter

- starker Sturm
- Bohrinsel „Alexander Kielland" gesunken
- 230 Menschen an Bord
- Katastrophe in der Nordsee
- mehr als vierzig Schiffe, Hubschrauber und Flugzeuge suchten die Unglücksstelle ab
- vor der norwegischen Küste
- mindestens 28 Todesopfer
- Rettungsmannschaften hoffen noch immer
- am späten Sonntagabend
- während der Nacht trotz Sturm und Nebel
- 149 Menschen lebend geborgen
- schlimmste Katastrophe
- Froschmänner erhalten kein Lebenszeichen
- Materialermüdung als Ursache nicht auszuschließen
- orkanartige Windstärken
- haushohe Wellen erschweren die Suche
- 53 Personen vermisst
- aus dem Inneren der Wohnplattform
- bei den Stützpfeilern der 15 Jahre alten Bohrinsel
- in der Geschichte der Erdölgewinnung – (dpa)

Ein Tier beschreiben

05
KLASSENARBEIT

AUFGABE

Deine Großmutter hat dir zum Geburtstag einen lang ersehnten Wunsch erfüllt: Sie hat dir einen kleinen Rauhaardackel geschenkt.
Einige Monate später beschreibst du ihr in einem Brief, zu was für einem Prachtexemplar sich dein Hund entwickelt hat.

Nimm dazu
- das folgende Bild,
- die Farbmerkmale und
- den Lexikoneintrag

zu Hilfe.

45 Minuten

1/2 Blätter

Lösung S. 108

Farbmerkmale:

- das **Fell**: dunkelbraun bis schwarz
- **Füße, Hals** und unter der Schnauze: hellbraun
- die **Augen**: dunkelbraun,
- die **Nase**: schwarz
- **Ohren**: braun, an den Spitzen schwarz
- der **Schwanz**: schwarz

In einem Lexikon findest du folgende Angaben:

Dackel (auch Dachshund oder Teckel): ursprünglich besonders zum Aufstöbern von Fuchs und Dachs im Bau gezüchtete Rasse bis 27 cm schulterhoher, sehr kurzbeiniger Jagdhund; mit ziemlich langgestrecktem Kopf, Schlappohren, langem Rücken und langem Schwanz; nach der Haarbeschaffenheit unterscheidet man: Kurzhaardackel, Langhaardackel und Rauhaardackel (Haare rau, etwas abstehend, vor allem an Schnauze und Augenbrauen verlängert).

Den Erzählschluss einer Fabel ausgestalten, Grammatikkenntnisse überprüfen

06

KLASSENARBEIT

45 Minuten

1/4 Blätter

Lösung S. 112

Igel und Schlange
Eine Fabel frei nach B. Waldis aus dem 16. Jahrhundert

AUFGABE 1

Entscheide, ob du bestimmte oder unbestimmte Artikel einsetzt. | 3 Minuten

_/6 P.

________________ Igel hatte gehört, dass Winter bald kommen werde.

Da suchte er nach ________________ brauchbaren Unterschlupf, wo er

vor ________________ Kälte geschützt war. So kam er vor

________________ Höhle der Schlange und bat sie, ihm diese Nacht

Unterschlupf zu gewähren. ________________ Schlange sagte:

AUFGABE 2

Bestimme die unterstrichenen Verben (Personal- und Tempusform) und setze deine Lösungen in die Klammern. | 5 Minuten

_/12 P.

„Wir beide <u>haben</u> (__________________________) nicht genug Platz

in der Höhle. Ich <u>komme</u> (__________________________) ja selbst

kaum zurecht."

Der Igel aber <u>erwiderte</u> (__________________________): „Ich <u>setze</u>

(______________________________) mich bescheiden in einen Winkel

und werde dich nicht stören (______________________________).“

Darauf ließ (______________________________) die Schlange den Igel

in die Höhle. Doch dieser streckte sofort seine Stacheln nach allen

Seiten aus, legte sich in die Mitte des Raumes und drehte sich

behaglich hin und her.

AUFGABE 3

Überlege dir einen Schluss für diese Fabel und schreibe ihn auf. Berücksichtige dabei die Moral der Fabel: „Ein böser Gast vertreibt den Wirt.“ | **10 Minuten**

__ / 24 P.

AUFGABE 4

In der folgenden Fabel findest du einige falsche Artikel. Trage die richtigen Formen entsprechend der Zahl in die Tabelle ein und bestimme Kasus, Numerus und Genus der unterstrichenen Satzglieder. | 10 Minuten

_/6 P.

Die undankbare Schlange

Früher, als den Bauern[1] noch nicht so hinterlistig waren wie heute, fand einer einer Schlange[2] an eines Weg[3]. Sie war ganz steif und fast erfroren. Mitleidig hob er sie auf und steckte sie in seine Jacke[4]. Als die Schlange der Wärme[5] fühlte, kam sie wieder zu sich und vergiftete ihren Wohltäter mit eines tödlichen Biss[6], so dass er starb.

Richtige Form	Kasus (= Fall)	Numerus	Genus
1)			
2)			
3)			
4)			
5)			
6)			

AUFGABE 5

Trage die unterstrichenen Wörter des folgenden Textes „Saurier" in die richtige Spalte der Tabelle ein und ergänze die jeweils fehlenden Formen. | 7 Minuten

_/12 P.

Saurier

Der Vorläufer aller Dinosaurier lebte vor etwa 230 Millionen Jahren.
Er stand bereits aufrecht auf seinen Hinterbeinen und hatte somit **den besten**[1] Überblick.
Die **meisten**[2] Saurier behielten die Zweibeinigkeit bei, doch **viele**[3] Sauerier wurden im Laufe der Zeit **größer**[4] und **schwerer**[5] und bewegten sich daher wieder auf vier Beinen.
Der **gewaltigste**[6] Fleischfresser war der Gigantosaurus, er wurde bis zu 14 Meter lang. Der Sauroposeidon war das **höchste**[7] Landtier, sein Hals war bis zu 18 Metern lang. Noch schwerer aber war der Argentinosaurus, der bis zu 100 Tonnen wog.

Positiv	Komparativ	Superlativ
1) gut	besser	am besten **(den besten)**
2)		
3)		
4)		
5)		
6)		
7)		

AUFGABE 6

Nenne mindestens 3 Arten von Adjektiven, die sich nicht steigern lassen. | 5 Minuten

_ / 6 P.

GESAMT

___ / 66 P.

Einen Erzählkern ausgestalten

07

KLASSENARBEIT

AUFGABE

Gestalte diesen Erzählkern so aus, dass sich eine spannende Erzählung ergibt.
Erzähle aus der Ich-Perspektive, wähle dazu die Sicht des Bankangestellten.
Gib seine Gedanken und Gefühle während des Überfalls wieder.
Erstelle zuerst einen Erzählplan und vergiss am Schluss die Überschrift nicht.

45 Minuten

1/1 Blätter

Lösung S. 116

Text:

Stuttgart Mit einem Schraubenzieher, den sie als Revolver ausgaben, versuchten zwei junge Männer vorgestern eine Filiale der BLW-Bank auszurauben. Nur der Hartnäckigkeit des Bankangestellten ist es zu verdanken, dass der Überfall missglückte und die Räuber gefasst werden konnten.

Einen Erzählanfang fortsetzen

08

KLASSENARBEIT

45 Minuten

1/1 Blätter

Lösung S. 120

AUFGABE

Setze den folgenden Erzählanfang so fort, dass eine lebendige Erzählung entsteht.
Schreibe aus der Ich-Perspektive und erstelle zuerst einen Erzählplan.
Vergiss am Schluss die Überschrift nicht!

Text:

Während ich in meinem Schlafsack lag, hörte ich plötzlich ein klägliches Wimmern. Meine Eltern schliefen bereits. Nur ich lag noch wach in dieser ersten Nacht unseres Zelturlaubs am Meer, den wir auf diesem Campingplatz verbringen wollten.

Da war es wieder! Ich verließ leise das Zelt und ging dem seltsamen Geräusch nach ...

Einen Unfallbericht schreiben

09

KLASSENARBEIT

AUFGABE

Schreibe einen Unfallbericht nach den untenstehenden Angaben, wie ihn der Polizeimeister für seine Akten verfassen wird.
Beantworte zuerst in einer Stoffsammlung die wichtigsten W-Fragen und erstelle dann einen Schreibplan.

45 Minuten

1/2 Blätter

Lösung S. 124

Materialien:

Am Freitag, dem 28. November 2007 ereignet sich in Moosburg an der Kreuzung Poststraße/Bahnhofstraße ein Unfall. Als gegen Mittag Polizeimeister Wolfgang Wacht an den Unfallort kommt, liegt auf der Poststraße neben einem geparkten PKW ein Motorrad auf der Straße. Beide Fahrzeuge sind leicht beschädigt. Einige Leute, unter ihnen der an seinem Sturzhelm zu erkennende Motorradfahrer, stehen am Unfallort und reden äußerst erregt aufeinander ein. Unweit des Unfallortes steht ein blauer VW-Golf.

Polizeimeister Wolfgang Wacht legt sich folgende Skizze an.
Bei der Vernehmung der Zeugen bekommt er einige Aussagen zu hören.
Du findest sie auf Seite 27.

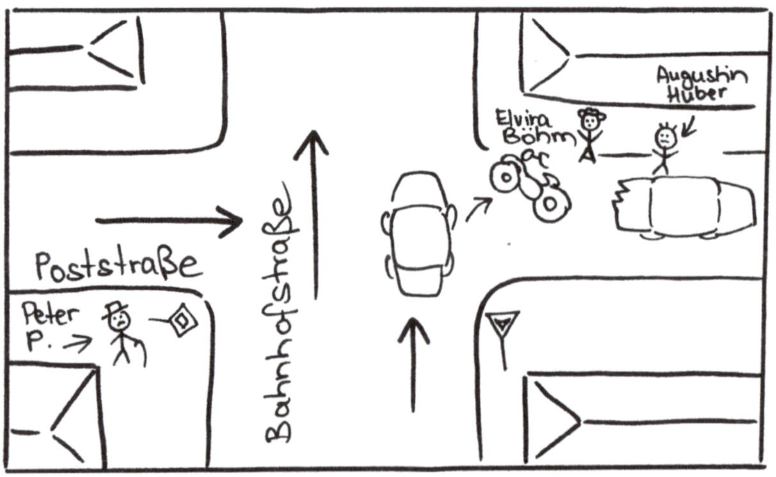

1) *Dr. Josef Krätz, Motorradfahrer, 29*:
„Ich fahr' da gemütlich die Poststraße entlang, und da kommt auf einmal dieser blaue Golf von rechts in die Kreuzung geschossen. Ich hab' noch versucht auszuweichen, und dann hat's mich auch schon gedreht, und ich bin mit dem Vorderrad auf der Bordsteinkante gelandet. Mein Vorderrad ist jedenfalls hin. Das kostet bestimmt 600 Euro."

2) *Augustin Huber, Fahrer des Golf, 55*:
„Was soll ich sagen? Alles war sehr unübersichtlich und ging sehr schnell. Plötzlich krachte es jedenfalls. Sie können mir glauben: Ich habe noch nie einen Unfall gehabt. Was wird bloß meine Frau sagen? Ich habe meinen Wagen sofort abgestellt. Den Motorradfahrer habe ich wirklich nicht gesehen. Außerdem habe ich sofort angehalten und nachgeschaut, was passiert ist."

3) *Egon Bayer, Halter des Opel Astra, 34*:
„ So ein Mist! Gestern hab' ich die Karre erst aus der Werkstatt geholt, weil die vordere Stoßstange verbeult war. Und jetzt schon wieder, fast haargenau an derselben Stelle. Und der schöne Lack! Die Motorhaube ist ja völlig zerknautscht! Wenn diese jungen Motorradler doch mal richtig hingucken würden, wo sie hinfahren!"

4) *Elvira Böhm, 57*:
„Das hat ja wahnsinnig gekracht! Ich bin direkt neben dem geparkten Auto – ein Opel, glaub' ich – wissen Sie, ich versteh' ja nichts von Autos und so … Also, ich hatte eben meine Milch gekauft und bin auf dem Gehweg gestanden, da ist das Motorrad … wissen Sie, Motorradfahren ist ja so gefährlich ... also, das Motorrad ist jedenfalls auf das geparkte Auto draufgefahren. Das blaue Auto ist in der Bahnhofstraße den Berg hinuntergefahren. Der Mann wollte wohl in Richtung Stadtmitte fahren. Er hat dann aber gleich angehalten."

5) *Peter Pöttinger, 83*:
„Also, es war genau vier Minuten vor zwölf, als es gekracht hat. Ich habe nämlich auf die Uhr geschaut, weil ich zum Mittagessen pünktlich daheim sein wollte. Der junge Kerl ist gar nicht schnell gefahren."

Einen Vorgang beschreiben

10

KLASSENARBEIT

45 Minuten

1/1 Blätter

Lösung S. 127

AUFGABE

Deine Brieffreundin Henrieke hat auf dem Flohmarkt ein „Mensch-ärgere-dich-nicht"-Spiel gekauft, bei dem aber die Anleitung fehlt. Weil sie weiß, dass du dich mit Spielen auskennst, bittet sie dich, ihr genau zu beschreiben, wie „Mensch-ärgere-dich-nicht" gespielt wird.

1) Fertige zu deinem Aufsatz zuerst ein Stoffsammlung an, in der du alle wichtigen Einzelheiten sowie die Gegenstände, die zum Spiel benötigt werden, festhältst.
2) Erstelle dann einen Schreibplan, in dem du die wichtigsten Abschnitte des Spiels notierst.

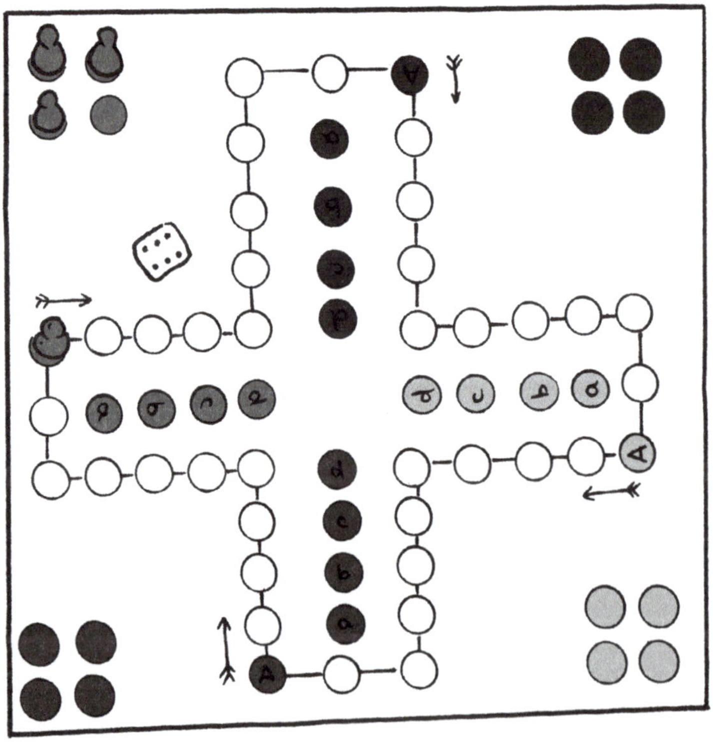

In einem sachlichen Brief informieren

11
KLASSENARBEIT

45 Minuten

1/1 Blätter

Lösung S. 130

AUFGABE

Deine Klasse möchte dieses Jahr gerne gemeinsam Fasching feiern. Verfasse einen sachlichen Brief an deinen Schulleiter, in welchem du ihn als Klassensprecher/Klassensprecherin bittest, eurer Klasse zu erlauben, im Schulgebäude eine Faschingsparty zu veranstalten.

Unterrichte den Schulleiter genau darüber, in welcher Form euer Fest stattfinden soll. Lege zuerst eine Stoffsammlung an und erstelle einen Schreibplan.

Einen Sachtext erschließen, grammatische Strukturen erkennen

12

KLASSENARBEIT

45 Minuten

1/6 Blätter

Lösung S. 134

TEIL 1: TEXTE LESEN UND VERSTEHEN

AUFGABE 1

Lies den folgenden Text genau durch. | 10 Minuten

Kathrin van Booth: Ein Kindheitstraum geht in Erfüllung

(Heinrich Schliemann hatte keine leichte Kindheit. Früh verlässt er sein Zuhause und macht sich auf den Weg in die große weite Welt.)

(1) Was immer der einstige Pechvogel von nun an anfasst, verwandelt sich in Gold. Nach raschem Aufstieg in der Firma macht er sich selbstständig. Er hat nur ein Ziel vor Augen: möglichst schnell viel Geld zu verdienen. Er hat wenig Gewissensbisse. Als es zum Krieg zwischen England und Russland kommt, machte er Riesengewinne als Munitionslieferant.

(2) Mit 46 Jahren besitzt er ein fantastisches Vermögen von elf Millionen Gulden! Genug um sich seinen Kindheitstraum zu erfüllen. Er ändert sein Leben. Mit Sondererlaubnis des französischen Kultusministeriums wird er 1866 Student in Paris – der älteste im ganzen Land. Bald schon tritt er mit einer wissenschaftlichen Veröffentlichung hervor.

(3) Sein Werk heißt „Ithaka, der Peloponnes und Troja“. Hier überrascht Schliemann die Öffentlichkeit mit seiner Theorie: Das alte Troja liege nahe dem Dorf Hisarlik!

(4) Die Altertumsforscher lachen nur über den Außenseiter. Denn Troja – das ist doch bloß ein Märchen! Und selbst wenn an der alten Geschichte von Homer etwas dran wäre, dann könnte die Stadt nur auf den Hügeln des türkischen Örtchens Bunarbaschi zu finden sein – nicht aber zehn Kilometer weiter bei Hisarlik.

(5) Heinrich Schliemann kümmert sich nicht um das Gespött. Ab 1870 geht er mit heimischen Arbeitern ans Werk. Sie graben sich durch eine römische Schicht, bis sie in siebzehn Metern Tiefe auf rohe Burgmauern stoßen. Und am 17. Juni 1873 kommt Heinrich Schliemanns Sternstunde! Sie sehen glänzendes Metall aus der Erde blitzen.

(6) Sofort schickt er die Arbeiter zur Essenspause. Dann macht er sich allein mit seiner Frau daran, einen gewaltigen Schatz zu bergen: Goldene Becher und silberne Krüge schält er aus dem Erdreich, kunstvolle Armbänder und Ohrringe, reich geschmückte Streitäxte und verzierte Kupferkessel. Schliemann ist sicher: Er hat den Schatz des Priamos gefunden! Als das bekannt wird, gilt er nicht länger als reicher Narr, sondern wird der berühmteste Mann seiner Zeit!

(7) Noch bleiben ihm sieben Jahre, in denen er das sagenhafte Mykene ausgräbt und wieder gewaltige Goldschätze findet. Im Jahr 1890 reißt der Herztod Heinrich Schliemann aus seiner rastlosen Arbeit. – Heute wissen wir: Der große Hobby-Ausgräber hat sich oft geirrt. Sein „Schatz des Priamos“ entstammte einer viel älteren Kultur. Doch niemand kann ihm sein Hauptverdienst streitig machen: Sein Glaube an Homer hat eine vor mehr als 3000 Jahren versunkene Kultur wieder ans Tageslicht gebracht!

AUFGABE 2

Dieser Sachtext ist in sieben Sinnabschnitte gegliedert. Fasse jeden Textabschnitt jeweils in einem Satz zusammen. _/7 P.

(1) ____________________

(2) ____________________

(3) ____________________

(4) ____________________

(5) ____________________

(6) ____________________

(7) ____________________

AUFGABE 3

Erstelle nun auf der Grundlage deiner Ergebnisse aus Aufgabe 2 eine kurze Textzusammenfassung. _/7 P.

AUFGABE 4

Der Text macht deutlich, welche Einstellung die Verfasserin gegenüber Schliemann hat. Kreuze an, welche Aussage richtig ist.

__/1 P.

◯ Die Verfasserin findet Schliemann witzig.	◯ Die Verfasserin denkt, dass es Schliemann nicht gab.
◯ Die Verfasserin liebt Schliemann.	◯ Die Verfasserin erkennt Schliemanns Leistung an.
◯ Die Verfasserin hält Schliemann für einen großen Wissenschaftler.	◯ Die Verfasserin hält Schliemann für einen Wichtigtuer.

AUFGABE 5

Überlege, welche Absicht der Text hat und für wen er geschrieben ist. Formuliere deine Antwort in eigenen Worten.

__/2 P.

____

____

____

____

____

____

TEIL 2: GRAMMATISCHE STRUKTUREN ERKENNEN

AUFGABE 6

Bestimme im folgenden Satz die Wortarten der unterstrichenen Wörter.

_/5 P.

Was immer der einstige Pechvogel von nun an anfasst, verwandelt sich in Gold.

der: ______________________________

Pechvogel: ______________________________

nun: ______________________________

verwandelt: ______________________________

sich: ______________________________

AUFGABE 7

Bestimme das Tempus der folgenden Sätze:

_/2 P.

a) Sein „Schatz des Priamos" entstammte einer viel älteren Kultur.

____

b) Heinrich Schliemann kümmert sich nicht um das Gespött.

____

AUFGABE 8

Forme folgende Sätze in das jeweils angegebene Tempus um: __/3 P.

a) Er hat wenig Gewissensbisse.

Perfekt: ____

b) Die Altertumsforscher lachen nur über den Außenseiter.

Futur I: ____

c) Er hat nur ein Ziel vor Augen: möglichst schnell viel Geld zu verdienen.

Präteritum: ____

____

AUFGABE 9

Trenne die Satzglieder voneinander ab und bestimme sie. Verwende dazu die Fachbegriffe, die du in diesem Schuljahr gelernt hast.

a) Heinrich Schliemann fand in Kleinasien die antike Stadt Troja.

____ __/4 P.

b) Vor langer Zeit wurde sie zerstört.

____ __/4 P.

GESAMT

___/35 P.

7. / 8. Klasse

01

KLASSENARBEIT

60 Minuten

1/5 Blätter

Lösung S. 138

Eine Reportage schreiben

AUFGABE

Schreibe für die Schülerzeitung eine Reportage zum Thema Streitschlichtung an deiner Schule. Dafür stehen dir eine Reihe von Informationen zur Verfügung. Beziehe auch deine persönlichen Erfahrung mit diesem Thema in deine Überlegungen mit ein.
Gib deiner Reportage einen Titel, der die Neugier des Lesers weckt, und vergiss den Untertitel nicht.

Materialien:

Aus Interviews mit Schülerinnen und Schülern

Emelie, 8a: Ich finde Streitschlichtung prima! Seit wir die an unserer Schule haben, gibt es in unserer Klasse kaum noch „Zickenterror". Ich werde in der 9. Klasse am Arbeitskreis „Streitschlichterschulung" teilnehmen. Dann kann ich ab der 10. helfen, wenn Schülerinnen oder Schüler Stress haben.

Jana, 10b: Die Ausbildung zur Streitschlichterin dauert ganz schön lange. Man muss mit 20 bis 40 Stunden rechnen. Und das neben der normalen Schule! Trotzdem kann ich es nur jedem raten. Ich habe voriges Jahr die Ausbildung gemacht und muss sagen: Man lernt persönlich sehr viel dazu.

Louis, 10a: Seitdem ich Streitschlichter bin, habe ich das Gefühl, mit allen besser zurecht zu kommen. Auch mit meinen Eltern. Ich habe schon mehrere Konflikte zwischen Schülerinnen und Schülern entspannen können. Noch vor kurzem hatte ich zwei Schüler, die Stress miteinander hatten. Die konnten sich überhaupt nicht leiden und haben sich mehrmals geprügelt. Nach mehreren Sitzungen kamen die sich näher. Jetzt, habe ich gehört, sollen es die besten Freunde sein.

Kai, 7c: Mich haben im letzten Jahr einige Schüler aus meiner Klasse gemobbt. Ich weiß nicht, warum, aber das ging so weit, dass ich schon die Schule wechseln wollte. Dann hat unsere Klassenlehrerin, die das gemerkt hatte, mit unseren Streitschlichtern gesprochen und für uns einen Termin gemacht. Wir waren danach einige Male in der großen Pause bei denen. Am Anfang sogar bis in die nächste Stunde hinein. War erlaubt, konnten wir machen! Nach einigen Anlaufschwierigkeiten verstehen wir uns jetzt schon besser und reden wieder miteinander.

Aus einem Werbeflyer

Streiten ist oft auch wichtig

Nichts ist schlimmer, als wenn man immer wieder ungerecht behandelt wird. Da muss man sich wehren. Und wenn dann alles nur noch ärger wird? Dann muss man richtig streiten. Doch das ist oft nicht einfach.

In der Streitschlichtung helfen wir Euch, richtig zu streiten. Wir gehen der Geschichte auf den Grund und finden mit Euch zusammen eine Lösung, die wirklich gerecht ist.

Streitschlichtung muss gelernt sein

Deshalb erzählen wir auch nichts von dem weiter, was wir von Euch erfahren. Ehrensache.

Streit ist Vertrauenssache

Wir haben gelernt, wie man richtig vorgeht, damit niemand benachteiligt wird, welche Fragen man stellt und wie man einen Vertrag aushandelt, mit dem beide Seiten zufrieden sind.

Aussagen der Vertrauenslehrerin Claudia Emrich

„Schüler-Streitschlichtung an Schulen ist ein langfristiges Konzept. Es muss bereits in den Eingangsklassen beginnen und im Schulalltag fest verankert werden."

„Die Erfahrungen, die Schülerinnen und Schüler als Streitschlichterinnen und Streitschlichter an Schulen machen, sind überwiegend positiv, wenngleich auch manche enttäuscht sind, dass ihre Dienste nur zögernd in Anspruch genommen werden."

„Streitschlichterprogramme in der Schule profitieren davon, wenn sie von möglichst allen (Lehrern, Eltern, Schülern) mitgetragen werden."

Aus einer Schulordnung

...

Auf dem Pausenhof, vor oder nach den Schulstunden sind die Schüler-Streit-Schlichter ansprechbar, um kleinere Konflikte und Streitigkeiten sofort zu bearbeiten. Die SchülerInnen kommen freiwillig zu ihnen. Die Schüler-Streit-Schlichter sind nach einem Arbeitsplan fest eingeteilt. Sie haben einen eigenen Raum, in dem die Gespräche stattfinden können. Sie haben die Erlaubnis, auch über die Pausenzeiten hinaus ein Konfliktgespräch zum Abschluss zu bringen.

...

Aus einer pädagogischen Zeitschrift

Sie nennen sich Streitschlichter oder Konfliktlotsen und sind inzwischen an immer mehr Schulen zu finden. Schulen setzen zunehmend Streit-Schlichtungs-Programme ein, denn mit ihnen:

- lässt sich das Schulklima verbessern,
- werden Lehrkräfte von Alltagskonflikten entlastet,
- erwerben Schüler soziale Kompetenzen.

Schüler-Streit-Schlichtungs-Programme sind stark formalisierte Verfahren. Hierfür werden „Konfliktlotsen" ausgebildet, die dann ihre Kenntnisse und Fähigkeiten bei Schülerstreitigkeiten einsetzen. Ziel ist es, in der Schule eine Streitkultur zu fördern, die letztlich alle Bereiche des Schullebens einschließen sollte.

Streitschlichtung in der Schule kennt verschiedene Stufen:

- Die Beteiligten regeln ihren Konflikt selbst
- Schüler schlichten Schülerkonflikte
- Lehrer helfen schlichten
- Schulleitung schlichtet
- Externe Schlichter helfen

Schritte einer Streitschlichtung

I. EINLEITUNG

1) Begrüßen
2) Ziele verdeutlichen
3) Grundsätze benennen
4) Schlichtungsprozess erklären
5) Gesprächsregeln erläutern
6) Gesprächsbeginn vereinbaren

II. KLÄRUNGEN

1) Berichten
2) Zusammenfassen
3) Nachfragen
4) Befindlichkeit ausdrücken
5) Anteile am Konflikt artikulieren
6) Überleiten

III. LÖSUNGEN

1) Lösungsmöglichkeiten überlegen
2) Lösungsmöglichkeiten aufschreiben
3) Lösungen auswählen
4) Lösungen vereinbaren

IV. VEREINBARUNGEN

1) Vereinbarungen aufschreiben
2) Vereinbarungen unterschreiben
3) Verabschieden

Eine Inhaltsangabe verfassen

02

KLASSENARBEIT

AUFGABE

Schreibe eine Inhaltsangabe zu der folgenden Kurzgeschichte.

45 Minuten

1/3 Blätter

Lösung S. 143

Josef Reding: Apotheke Vita Nova[1]

Es war ein abgegriffener Zettel, den Munnicher dem einarmigen Apotheker hinhielt.

Munnicher trug das aus einem Notizbuch gerissene Blatt schon seit Wochen in der Jackentasche und hatte oft danach gegriffen. Ein paar Gifte standen darauf. Pflanzenschutzgifte, die Erwachsenen ohne Umstände verkauft werden. Munnicher wollte das Gift nicht für Pflanzen. Munnicher wollte es für sich, für die zertretene, weggeworfene Menschenpflanze Munnicher. Er war in diese abgelegene Apotheke gegangen, weil er in den kaltprächtigen Medikamentenpalästen aus Plastikmasse, Nickel und Neon seinen Wunsch nicht vorbringen mochte.

„Eins davon", sagte er.

Der Apotheker schaute Munnicher vom zurückweichenden Haaransatz bis zum nachlässig gebundenen Schlips an.

Er merkt, dass ich aus dem Gefängnis komme, dachte Munnicher. Er sieht es an dieser ausgebleichten Haut, in der jede Pore drei Jahre lang nach Sonne geschrien hat. Aber heute Nacht kommt die Sonne ja, dachte er. Dann kommt die große Helle von innen.

„Sind aber verschieden stark", sagte der Apotheker.

„Das Stärkste", verlangte Munnicher.

Der Apotheker nickte und stieg auf eine Leiter. Bei jeder Stufe ruderte er mit dem rechten Arm durch die Luft. Sieht komisch aus, wenn ein Einarmiger 'ne Leiter raufsteigt, dachte Munnicher.

1 **vita nova** *(lat.)* = neues Leben

Der Alte kramte in einigen Paketen. Munnicher fühlte sich beobachtet. Aber der Alte schaute nur auf seine Fläschchen und Schachteln. Da sah Munnicher das Mädchen hinter der Waage im angrenzenden Raum. Er sah es durch die geöffnete Tür. Er sah, wie es blaue Tütchen mit hellrotem Pulver füllte und abwog. Das Mädchen – achtzehn ist es, dachte Munnicher – ließ die Waage auszittern und tat nichts. Es schaute Munnicher an. Man erkennt von hier aus, dass es braune Augen hat: Wieso erkennt man das von hier aus, fragte sich Munnicher betroffen. Er hob ein wenig die Hand und winkte. Seh sicher aus wie ein Pinguin, dachte er. Aber da hob das Mädchen das blaue Tütchen und winkte auch.

Der Alte ruderte die Leiter wieder herunter. „Hier", sagte er. „Mit vier Liter Wasser verdünnen."

„Werd's schon richtig machen", sagte Munnicher.

„Klar", sagte der Alte. „Fünf sechzig."

Munnicher zahlte. Er wollte noch einmal zu dem Mädchen hinüberschauen, aber der Einarmige verdeckte die Tür. Munnicher war versucht, noch eine Schachtel Hustenbonbons oder so etwas zu verlangen, nur damit der Alte ihm aus der Sicht ging. Dann dachte er: Mätzchen! Früher hätte ich so etwas gemacht. Ganz früher. Vor drei Jahren. Er ging.

„Wiederschauen", sagte der Einarmige leirig.

Munnicher hatte sich auf das Bett gelegt. Er trank die braune Flüssigkeit. Schmeckt pappig, dachte er. Ich habe immer geglaubt, das Zeug ätzt und würgt. Aber es schmeckt pappig. Schmeckt pappig im Hals, doch nicht im Magen. Merkst du's, Munnicher, dachte er und legte sich auf die Seite. Merkst du, wie dein Magen zerfressen wird? Ich hätte mich vorher noch rasieren sollen. Wenn morgen einer vom Bestattungsinstitut in meinem kalten Gesicht umherwirkt? Pfui Teufel! Rasieren hätte ich mich sollen, dachte er. Stundenlang dachte er es.

Der Morgen hatte die alte Apotheke nicht viel heller gemacht. Munnicher war noch immer nicht rasiert, als er den Apotheker fragte:

„Was haben Sie mir da für ein verdammtes Zeug angedreht?“

„Wasser“, sagte der Alte. „Wasser mit einem Schuss Gurgellösung, gegen Mandelentzündung.“

„Was sollte das?“, fragte Munnicher. „Ja, was sollte das?“, fragte der Einarmige und ließ ihn nicht mit dem Blick los. Munnicher senkte den Kopf.

„Ich verkaufe keine Gifte in meiner Apotheke“, sagte der Alte. „Von hundert Verkäufen kriege ich nur vierzehn Reklamationen. Das ist doch ein gutes Verhältnis, nicht wahr? Hundert Leute tragen Wasser statt Gift nach Hause und nur vierzehn beschweren sich. Und diese vierzehn schicke ich woanders hin, wenn sie wollen. Manche wollen nicht mehr. Das Geld bekommen sie natürlich wieder zurück. Auch Sie.“

Der Alte schlurfte zur Leiter. Munnicher schaute wieder durch die Verbindungstür. Das Mädchen war nicht da. Im Spiegel fing sich umgekehrt der Name der Apotheke: „Vita Nova“ hieß sie.

„Wollen Sie noch etwas?“, fragte der Alte.

„Ja“, sagte Munnicher. „Hustenbonbons.“

Eine Kurzgeschichte untersuchen

03

KLASSENARBEIT

60 Minuten

1/2 Blätter

Lösung S. 146

AUFGABE

Untersuche die Kurzgeschichte „Nasen kann man so und so sehen" von Ingrid Kötter. Verfasse eine Inhaltsangabe und gehe dann auf typische formale und sprachliche Merkmale der Kurzgeschichte ein.

Ingrid Kötter: Nasen kann man so und so sehen

Es ist fast 20 Uhr, als Onkel Thomas aus Kanada zu Besuch kommt. Er will sofort Irina begrüßen.

„Warte einen Augenblick!", bittet die Mutter, „Irina ist jetzt vierzehn. Das ist ein schwieriges Alter. Um 20 Uhr ist eine Klassenfete. Mal will sie hingehen, dann wieder nicht. Sie hat eine fürchterliche Laune."

Irina steht in ihrem Zimmer vor dem Spiegel.

In letzter Zeit steht sie oft dort.

Mürrisch betrachtet sie ihr Gesicht von allen Seiten. „Diese Nase!", flüstert sie. „Diese entsetzlich große Nase! Eine Nase wie Manuela müsste man haben."

Alle Jungen in Irinas Klasse sind hinter Manuela mit der niedlichen Stupsnase und dem albernen Gekicher her. Mit verbissenem Gesicht kratzt Irina an einem Pickel herum, befühlt eingehend ihre Nase und stöhnt. An manchen Tagen ist es wie verhext. Da kommt einfach alles zusammen: Zwei neue Pickel, davon einer mitten auf der großen Nase, die dadurch natürlich erst recht unangenehm auffällt. Und dann noch Onkel Thomas. Irina hatte ihn mindestens drei Jahre nicht gesehen. Onkel Thomas ist Mutters jüngster Bruder. Er ist 23 Jahre alt, lebt in Kanada und hat die dämliche Angewohnheit, Irina bei jedem Wiedersehen hochzuheben und abzuküssen.

„Ich mag diese Küsserei nicht", sagt Irina zu ihrem Spiegelbild, geht zur Zimmertür und will sie abschließen. Das macht sie in letzter Zeit oft, wenn Besuch kommt, den sie nicht ausstehen kann.

„Sei nett zu meinem Lieblingsbruder! Er kommt extra aus Kanada", hat die Mutter gesagt.

Irina denkt an den schlaksigen, pickeligen Jüngling und denkt: Von mir aus kann er vom Mond kommen. Sie will den Schlüssel im Schloss herumdrehen. – Zu spät! Onkel Thomas steckt seinen Kopf zur Tür herein. „Hallo, kann ich reinkommen?" Schon ist er im Zimmer.

Sieht echt gut aus, der Typ. Hat mächtig breite Schultern gekriegt. Und dann der Bart! Mensch, hat der sich verändert. Er hebt Irina nicht hoch. Er küsst sie nicht ab. Er sieht mit ihr zusammen in den Spiegel, staunt, haut ihr kräftig auf die Schulter und sagt: „Meine Güte, du bist ja eine richtig hübsche Dame geworden!"

„Ach was! Quatsch keinen Käse!", sagt die junge Dame und hält ihr Gesicht ganz dicht vor die Spiegelscheibe. „Sieh dir diese Pickel an und dann meine Nase!"

„Pickel hatte ich in deinem Alter auch", sagt Onkel Thomas. „Siehst du noch welche? Und was deine Nase betrifft, tröste dich! Du bist erst vierzehn. Du und deine Nase, ihr wachst ja noch."

Irina reißt entsetzt die Augen auf. „Wächst noch? Meine Nase? – Alles! Bloß das nicht!"

Sie betrachtet sich im Spiegel. Ihre Augen füllen sich mit Tränen.

„Na, na!", sagt Onkel Thomas. „Ich finde deine Nase ja schon fast richtig, aber noch ein wenig zu klein".

„Zu klein?????" Irina wischt sich eine Träne ab und sieht ungläubig in den Spiegel.

„Na ja", meint Onkel Thomas. „Man kann Nasen so und so sehen. Es kommt wohl auf den Betrachter an."

„Wie siehst du es denn?"

„Also, wenn du mich fragst, ich kann zum Beispiel Frauen mit Stupsnasen nicht ausstehen. Kleine Mädchen mit Stupsnasen, na gut. Aber Frauen mit Stupsnasen sind für mich einfach unmöglich. Viel zu niedlich. Zu puppig. Keine frauliche Ausstrahlung. Magst du etwa Stupsnasen?"

„Ich? – Nein. – Eigentlich nicht." Irina strahlt ihren Onkel an, fällt ihm um den Hals und küsst ihn ab. „Oh, Onkel Thomas! Wenn du wüsstest! Du bist prima! Kannst ruhig mal wieder vorbeikommen! Tschüs! Ich muss weg. Wir haben jetzt 'ne Klassenfete."

Mit einem Dramentext umgehen

04

KLASSENARBEIT

60 Minuten

1 / 7 Blätter

Lösung S. 154

AUFGABE

Die folgende Szene ist Teil des Dramas „Wilhelm Tell" von Friedrich Schiller, das ihr im Unterricht behandelt habt.

Lies den Text und ordne die zweite Szene des dritten Aufzugs, Verse 1585–1731, in einem zusammenhängenden, klar gegliederten Text in den Handlungszusammenhang des Dramas ein.
Gehe dabei folgendermaßen vor:

a) Stelle in einer kurzen Inhaltsangabe der Szene dar, worum es geht.

b) Stelle die Handlung der Szene in den Handlungszusammenhang des Dramas.

c) Erläutere die Bedeutung der Szene für den weiteren Handlungsverlauf.

3. Aufzug, Zweite Szene

Eine eingeschlossene wilde Waldgegend, Staubbäche[1] *stürzen von den Felsen.*

Berta im Jagdkleid. Gleich darauf Rudenz.

Berta
Er folgt mir. Endlich kann ich mich erklären.

Rudenz *(tritt rasch ein).*
Fräulein, jetzt endlich find ich Euch allein,
Abgründe schließen rings umher uns ein,
In dieser Wildnis fürcht ich keine Zeugen,
Vom Herzen wälz ich dieses lange Schweigen –

Berta
Seid ihr gewiss, dass uns die Jagd nicht folgt?

1 Gebirgsbäche, deren Gischt wie feiner (Wasser-)Staub sprüht

Rudenz
Die Jagd ist dort hinaus – Jetzt oder nie!
Ich muss den teuren Augenblick ergreifen –
Entschieden sehen muss ich mein Geschick,
Und sollt es mich auf ewig von Euch scheiden.
– O waffnet Eure güt'gen Blicke nicht
Mit dieser finstern Strenge – *Wer* bin ich,
Dass ich den kühnen Wunsch zu Euch erhebe?
Mich hat der Ruhm noch nicht genannt, ich darf
Mich in die Reih nicht stellen mit den Rittern,
Die siegberühmt und glänzend Euch umwerben.
Nichts hab ich als mein Herz voll Treu und Liebe –

Berta *(ernst und streng).*
Dürft Ihr von Liebe reden und von Treue,
Der treulos wird an seinen nächsten Pflichten?
(Rudenz tritt zurück.)
Der Sklave Österreichs, der sich dem Fremdling
Verkauft, dem Unterdrücker seines Volks?

Rudenz
Von Euch, mein Fräulein, hör ich diesen Vorwurf?
Wen such ich denn, als Euch auf jener Seite?

Berta
Mich denkt Ihr auf der Seite des Verrats
Zu finden? Eher wollt ich meine Hand
Dem Geßler selbst, dem Unterdrücker schenken,
Als dem naturvergessnen[2] Sohn der Schweiz,
Der sich zu seinem Werkzeug machen kann!

Rudenz
O Gott, was muss ich hören!

2 der, welcher die natürlichen Pflichten und Gefühle verachtet und unterdrückt; vgl. pflichtvergessen

Berta
Wie? Was liegt
Dem guten Menschen näher als die Seinen?
Gibt's schönre Pflichten für ein edles Herz,
Als ein Verteidiger der Unschuld sein,
Das Recht des Unterdrückten zu beschirmen?
– Die Seele blutet mir um Euer Volk, Ich leide *mit* ihm,
denn ich muss es lieben,
Das so bescheiden ist und doch voll Kraft,
Es zieht mein ganzes Herz mich zu ihm hin,
Mit jedem Tage lern ich's mehr verehren.
– Ihr aber, den Natur und Ritterpflicht
Ihm zum geborenen Beschützer gaben,
Und der's *verlässt*, der treulos übertritt
Zum Feind, und Ketten schmiedet seinem Land,
Ihr seid's, der mich verletzt und kränkt, ich muss
Mein Herz bezwingen, dass ich Euch nicht hasse.

Rudenz
Will ich denn nicht das Beste meines Volks?
Ihm unter Östreichs mächt'gem Zepter nicht
Den Frieden –

Berta
Knechtschaft wollt Ihr ihm bereiten!
Die Freiheit wollt Ihr aus dem letzten Schloss,
Das ihr noch auf der Erde blieb, verjagen.
Das Volk versteht sich besser auf sein Glück,
Kein Schein verführt sein sicheres Gefühl;
Euch haben sie das Netz ums Haupt geworfen –

Rudenz
Berta! Ihr hasst mich, Ihr verachtet mich!

Berta
Tät ich's, mir wäre besser – Aber den
Verachtet *sehen* und verachtungswert,
Den man gern lieben möchte –

Rudenz
Berta! Berta!
Ihr zeiget mir das höchste Himmelsglück,
Und stürzt mich tief in *einem* Augenblick.

Berta
Nein, nein, das Edle ist nicht ganz erstickt
In Euch! Es schlummert nur, ich will es wecken;
Ihr müsst Gewalt ausüben an Euch selbst,
Die angestammte Tugend zu ertöten,
Doch wohl Euch, sie ist mächtiger als Ihr,
Und trotz Euch selber seid Ihr gut und edel!

Rudenz
Ihr glaubt an mich! O Berta, alles lässt
Mich Eure Liebe sein und werden!

Berta
Seid
Wozu die herrliche Natur Euch machte!
Erfüllt den Platz, wohin sie Euch gestellt,
Zu Eurem Volke steht und Eurem Lande,
Und kämpft für Euer heilig Recht.

Rudenz
Weh mir!
Wie kann ich Euch erringen, Euch besitzen,
Wenn ich der Macht des Kaisers widerstrebe?
Ist's der Verwandten mächt'ger Wille nicht,
Der über Eure Hand tyrannisch waltet?

Berta
In den Waldstätten liegen meine Güter,
Und ist der Schweizer frei, so bin auch ich's.

Rudenz
Berta! Welch einen Blick tut Ihr mir auf!

Berta
Hofft nicht durch Östreichs Gunst mich zu erringen,
Nach meinem Erbe strecken sie die Hand,
Das will man mit dem großen Erb vereinen.
Dieselbe Ländergier, die Eure Freiheit
Verschlingen will, sie drohet auch der meinen!
– O Freund, zum Opfer bin ich ausersehn,
Vielleicht um einen Günstling zu belohnen –
Dort, wo die Falschheit und die Ränke wohnen,
Hin an den Kaiserhof will man mich ziehn,
Dort harren mein verhasster Ehe Ketten,
Die Liebe nur – die Eure kann mich retten!

Rudenz
Ihr könntet Euch entschließen, hier zu leben,
In meinem Vaterlande mein zu sein?
O Berta, all mein Sehnen in das Weite,
Was war es, als ein Streben nur nach Euch?
Euch sucht' ich einzig auf dem Weg des Ruhms,
Und all mein Ehrgeiz war nur meine Liebe.
Könnt Ihr mit mir Euch in dies stille Tal
Einschließen und der Erde Glanz entsagen –
O dann ist meines Strebens Ziel gefunden,
Dann mag der Strom der wildbewegten Welt
Ans sichre Ufer dieser Berge schlagen –
Kein flüchtiges Verlangen hab ich mehr
Hinaus zu senden in des Lebens Weiten –
Dann mögen diese Felsen um uns her
Die undurchdringlich feste Mauer breiten,
Und dies verschlossne sel'ge Tal allein
Zum Himmel offen und gelichtet[3] sein!

---

3 mit Licht erfüllt

Berta
Jetzt bist du ganz, wie dich mein ahnend Herz
Geträumt, mich hat mein Glaube nicht betrogen!

Rudenz
Fahr hin, du eitler Wahn, der mich betört!
Ich soll das Glück in meiner Heimat finden.
Hier, wo der Knabe fröhlich aufgeblüht,
Wo tausend Freudespuren mich umgeben,
Wo alle Quellen mir und Bäume leben,
Im Vaterland willst du die Meine werden!
Ach, wohl hab ich es stets geliebt! Ich fühl's,
Es fehlte mir zu jedem Glück der Erden.

Berta
Wo wär die sel'ge Insel[4] aufzufinden,
Wenn sie nicht hier ist in der Unschuld Land?
Hier, wo die alte Treue heimisch wohnt,
Wo sich die Falschheit noch nicht hingefunden,
Da trübt kein Neid die Quelle unsers Glücks,
Und ewig hell entfliehen uns die Stunden.
– Da seh ich *dich* im echten Männerwert,
Den Ersten von den Freien und den Gleichen,
Mit reiner freier Huldigung verehrt,
Groß, wie ein König wirkt in seinen Reichen.

Rudenz
Da seh ich dich, die Krone aller Frauen,
In weiblich reizender Geschäftigkeit,
In meinem Haus den Himmel mir erbauen,
Und, wie der Frühling seine Blumen streut,
Mit schöner Anmut mir das Leben schmücken,
Und alles rings beleben und beglücken!

---
4 Insel der Seligen, wo nach antiker Sage die Göttersöhne und Helden ein sorgenfreies Leben führten

Berta
Sieh, teurer Freund, warum ich trauerte,
Als ich dies höchste Lebensglück dich selbst
Zerstören sah – Weh mir! Wie stünd's um mich,
Wenn ich dem stolzen Ritter müsste folgen,
Dem Landbedrücker auf sein finstres Schloss!
– Hier ist kein Schloss. Mich scheiden keine Mauern
Von einem Volk, das ich beglücken kann!

Rudenz
Doch wie mich retten – wie die Schlinge lösen,
Die ich mir töricht selbst ums Haupt gelegt?

Berta
Zerreiße sie mit männlichem Entschluss!
Was auch draus werde – Steh zu deinem Volk!
Es ist dein angeborner Platz.
(Jagdhörner in der Ferne.)
Die Jagd
Kommt näher – Fort, wir müssen scheiden – Kämpfe
Fürs Vaterland, du kämpfst für deine Liebe!
Es ist *ein* Feind, vor dem wir alle zittern,
Und *eine* Freiheit macht uns alle frei!

(Gehen ab.)

05
KLASSENARBEIT

Eine Werbeanzeige untersuchen und gestalten

45 Minuten

1/5 Blätter

Lösung S. 160

TEIL 1: TEXT UND BILD

AUFGABE 1

Betrachte die folgende Werbeanzeige des Kinderhilfswerks Unicef genau und lies auch den dazugehörigen Text. Bearbeite dann die folgenden Fragen.

Jedes dritte Kind im südlichen Afrika geht nicht zur Schule. Millionen von Kindern haben deshalb keine Chance auf Bildung. Bauen Sie mit uns Schulen für Afrika. Spendenkonto 300 000, Bank für Sozialwirtschaft Köln (BLZ 370 205 00), Stichwort: Schulen für Afrika. www.unicef.de

unicef
Gemeinsam für Kinder

* Bitte nicht wegwischen!

AUFGABE 2

a) Was ist auf der Abbildung zu erkennen? __ / 2 P.

b) Wo und wie gibt sich die Organisation, die wirbt, zu erkennen? __ / 3 P.

AUFGABE 3

Wie ist das Größenverhältnis zwischen Abbildung und Textteil? __ / 2 P.

AUFGABE 4

Was kannst du über den Satzbau im Textteil der Anzeige sagen? __ / 3 P.

TEIL 2: INHALT UND AUFBAU DER ANZEIGE

AUFGABE 5

a) Wofür wird geworben? __/1 P.

b) Warum wird dafür geworben? __/1 P.

AUFGABE 6

Auf welche Art und Weise wird schon beim ersten Hinschauen die Aufmerksamkeit des Lesers geweckt? __/1 P.

AUFGABE 7

Wie wird das Interesse des Lesers geweckt? __/1 P.

AUFGABE 8

Welcher Wunsch soll beim Leser entstehen? __/1 P.

AUFGABE 9

Welche Aufforderung zur Handlung wird gegeben? __/1 P.

AUFGABE 10

Formuliere eine kurze Bewertung der Anzeige und begründe deine Meinung. __/4 P.

TEIL 3: EINE WERBEANZEIGE GESTALTEN

AUFGABE 11

_/ 40 P.

Familie Klausen will einige Besitztümer verkaufen und den Erlös der Unicef Kinderhilfe zukommen lassen. Dazu veranstaltet sie einen Privatflohmarkt auf dem Parkplatz vor ihrem Haus.

Folgende Gegenstände werden zu günstigen Preisen angeboten:
DVDs, CDs, Computerspiele, Bücher, Spiele, Puzzles, Waschmaschine, Mikrowelle, Schwarz-Weiß-Fernseher, Radiowecker und vieles mehr.

Ort und Zeitpunkt der Veranstaltung:
Samstag, 18. Juli 2009, Parkplatz vor dem Haus Eichhörnchenweg 5, 90053 Würzburg

Entwirf einen werbewirksamen Flyer (DIN A4), der in der Nachbarschaft verteilt werden soll. Du kannst ihn durch Zeichnungen ergänzen.

GESAMT

___/ 60 P.

Textverständnis: Einen Sachtext erschließen, Sprachkompetenz und Grammatikkenntnisse überprüfen

06
KLASSENARBEIT

45 Minuten

1/10 Blätter

Lösung S. 166

AUFGABE

Lies den folgenden Text genau durch und beantworte anschließend die Fragen.

Julia Mühe: Mein Sohn, das Wesen aus dem All

(1) Kevin, das ist mein Sohn. Jetzt kommt er gerade von der Schule nach Hause. Ja, noch isst er in der Küche das Mittagessen, das ich für ihn vorbereitet habe und nimmt den Teller nicht mit nach oben. Aber kaum sind die Spagetti verdrückt, verschwindet er in sein Zimmer. Danach sehe ich ihn stundenlang nicht mehr. Danach ist er nämlich nicht mehr von dieser Welt. Danach ist er in der virtuellen Welt, im Internet. Und wie ein Raumfahrer aus dem Weltall schlägt er dann Stunden später wieder hier auf, hier in unserem Haus, bei seiner Familie, zum Abendessen.

(2) Woher kommt er dann? Aus Chatrooms, in denen er mit Ernie, Berti, Mike und Titch geplaudert hat. Wenn man das plaudern nennen kann, diese abgehackten Wortfetzen, mit rätselhaften, aber bedeutungsvollen Zeichen durchsetzt. Worüber unterhält man sich denn so? Über den Schulvormittag? Über den Lauf der Welt? Was ich auf dem Bildschirm erkenne, sind für mich unverständliche Wortfolgen, denen ich nur mit Mühe einen Sinn entnehmen kann. Eine neue Sprache? Neben Englisch, Französisch und Spanisch die Weltsprache der virtuellen Internet-Welt?

(3) Und wenn dann solche gehaltvollen Unterhaltungen beendet worden sind, höre ich ihn lachen. Vermutlich schaut er gerade in Youtube ein Video an, wo ein armer Mensch auf einer Bananenschale ausrutscht, gegen eine Straßenlaterne prallt, die dann umkippt und dadurch einen Verkehrsunfall auf einer belebten Kreuzung verursacht. Sehr komisch.

(4) Dann ist es eine Weile still in seinem Zimmer. Macht Kevin jetzt Hausaufgaben? Gönnt er sich ein Mittagsschläfchen? Ich sehe mal nach. Nein, der Computer ist immer noch an. Kevin checkt nur seine E-Mails. Erstaunlich – wenn ich meine täglichen Mails beantworte, dauert das etwa eine Viertelstunde, und mein 15-jähriger Sohn benötigt dafür mindestens doppelt so lange. Wir leben halt im Zeitalter der Kommunikation – und dazu gehört wohl auch für Jugendliche das tägliche Bearbeiten der Eingangspost.

(5) Dann beginnt das Ballern. Aus seinem Zimmer dringt Zischen, Knattern, Stöhnen, Schreien. Kevin spielt. Er war schon als Kind ein leidenschaftlicher Spieler, konnte sich stundenlang mit seiner Ritterburg beschäftigen oder im Garten die Plastikdinosaurier durch den Himbeer-Urwald schieben. Nun spielt er also weiter, nur anders. Aber genauso leidenschaftlich und mindestens ebenso lang. Nur viel lauter, viel aggressiver.

(6) Nun ist es Zeit für das Abendessen. Der Raumfahrer taucht wieder in die Erdatmosphäre ein, seine Kapsel ist jetzt sicher am Esstisch gelandet. Er steigt aus und begibt sich wieder in menschliche Gemeinschaft. Müde, erschöpft nach dem anstrengenden Flug durch das Internet-Weltall. Wir jubeln nicht. Mein Mann fragt nur, wie es so in der Schule steht. Kevin antwortet in der Sprache seiner Chatrooms: „Ganz o.k. so … Mathe war ganz schön balla heute. Die Lehrer – also gar nicht gechillt." Und nach dem Abendessen setzt er sich vor den Fernseher.

Kevin, mein Sohn.
So könnte er sein.

(7) Wenn wir nicht eingegriffen hätten, vor vier Wochen, als sein Leben allmählich im Internet-Weltall zu verschwinden drohte. Wenn wir nicht die Tastatur seines Computers weggeschlossen hätten. Wenn wir es nicht ausgehalten hätten, dass er danach tagelang nachmittags auf seinem Bett lag und die Fliegen an seiner Decke zählte. Oder einen Wutanfall bekam. Wenn wir nicht mit ihm gesprochen hätten. Wenn wir nicht einen häuslichen Internet-Vertrag mit ihm gemacht hätten, in dem klare Regeln aufgestellt sind.

(8) Wir haben es vielleicht gerade noch geschafft, wir haben vielleicht die Kurve gekriegt. Aber nur, weil die Eltern da waren, weil sie nicht zugeschaut haben, weil sie gehandelt haben. Aber was ist mit den anderen Kevins, Ernies, Berties, Micks und Titchs – den verlorenen Kinder im Internet-All?

TEIL 1: TEXTE LESEN UND VERSTEHEN

AUFGABE 1

Schreibe neben die folgenden Fremdwörter ihre deutsche Entsprechung. __/3 P.

a) Kommunikation ______________________________

b) aggressiv ______________________________

c) chillen ______________________________

AUFGABE 2

Finde eine passende Definition: __/3 P.

a) Ein Chatroom ist ______________________________

____

b) Bei der Erdatmosphäre handelt es sich um ______________________________

____

c) Eine Tastatur ist ______________________________

____

AUFGABE 3

Was bedeuten die folgenden Formulierungen? __/3 P.

a) „… nicht mehr von dieser Welt sein …“

____

b) „… die Fliegen an der Decke zählen …“

____

c) „… die Kurve kriegen …“

____

TEIL 2: TEXTZUSAMMENFASSUNG / TEXTGLIEDERUNG

AUFGABE 4

Der Text ist in acht Sinnabschnitte gegliedert. Fasse jeden Textabschnitt kurz in einem Satz zusammen.

_/8 P.

(1) ____

____

(2) ____

____

(3) ____

____

(4) ____

____

(5) ____

____

(6) ____

____

(7) ____

____

(8) ____

____

AUFGABE 5

Formuliere nun auf der Grundlage deiner Ergebnisse aus Aufgabe 4 eine Textzusammenfassung.

_/4 P.

AUFGABE 6

Beschreibe kurz:

_/3 P.

a) Welche Funktion hat der erste einleitende Absatz?

b) Was wird im Hauptteil (Textabschnitt 2–7) dargestellt?

c) Welche Aufgabe hat der Schluss?

TEIL 3: TEXTANALYSE

AUFGABE 7

Welche Aussageabsicht hat die Verfasserin? _/1 P.

____

____

AUFGABE 8

Handelt es sich diesem Text um einen berichtenden, beschreibenden, appellierenden oder kommentierenden Text oder einen Mischtext? Begründe deine Meinung. _/2 P.

____

____

____

AUFGABE 9

An welchen sprachlichen Merkmalen kannst du erkennen, dass es sich nicht um einen durchgängig darstellenden Text handelt? Nenne drei Merkmale und belege sie jeweils mit einem Beispiel. _/3 P.

____

____

____

AUFGABE 10

Die Verfasserin vergleicht Kevin mit einem Raumfahrer im Internet-Weltall. Was will sie damit ausdrücken? _/2 P.

____

____

TEIL 4: GRAMMATIKKENNTNISSE ÜBERPRÜFEN

AUFGABE 11

Formuliere in der indirekten Rede und beachte dabei den Gebrauch des Konjunktivs.

_/5 P.

Beispiel:
Mein Mann fragt: „Wie steht es so in der Schule?"

Mein Mann fragt, wie es so in der Schule stehe.

a) Die Mutter fragt sich: „Macht Kevin jetzt wohl Hausaufgaben?"

b) Sie fragt ihn: „Gönnst du dir ein Mittagsschläfchen?"

c) Kevin antwortet: „Mathe war ziemlich schwer."

d) Die Eltern erkundigen sich beim Berater: „Müssen wir jetzt eingreifen?"

e) Sie teilen Kevin mit: „Wir werden jetzt einen Vertrag machen."

AUFGABE 12

Bilde Satzgefüge mithilfe von Adverbialsätzen. _/5 P.

Beispiel:
Die Unterhaltungen im Chatroom sind beendet. Dann höre ich ihn lachen.
(Temporalsatz)

Nachdem die Unterhaltungen im Chatroom beendet sind, höre ich ihn lachen.

a) Kevin kommt von der Schule nach Hause. Noch isst er das Mittagessen in der Küche.
(Temporalsatz)

____

____

____

b) Es ist still in seinem Zimmer. Aber er macht keine Hausaufgaben.
(Konzessivsatz)

____

____

____

c) Mit Kevin ist kein Gespräch mehr möglich. Er beschäftigt sich nur noch mit seinem Computer.
(Kausalsatz)

____

____

____

d) Er loggt sich in den Chatroom ein. Dadurch kann er mit seinen Freunden plaudern.
(Modalsatz)

___

___

___

e) Die Eltern haben einen Vertrag mit Kevin gemacht. Sie wollen klare Regeln über die Internet-Nutzung aufstellen.
(Finalsatz)

___

___

___

GESAMT

___ / 42 P.

Einen Sachtext untersuchen

07

KLASSENARBEIT

45 Minuten

1/3 Blätter

Lösung S. 170

AUFGABE

Erschließe den vorliegenden Text, fasse seinen Inhalt genau zusammen und nenne die Intention (Schreibabsicht) des Verfassers.

Jörn Auf dem Kampe: Kakteen: Festungen des Lebens

Auf eine Umwelt voll mörderischer Zumutungen haben sich Kakteen wie die Saguaros in der Wüste Sonora eingerichtet – und bieten sogar vielen Tieren Wohnung, Tränke und Speisekammer

Am Nachmittag des 21. Juni 2005 verfinstert sich der Himmel über der Sonora. Dann jagt Blitz auf Blitz herab, aber kein Tropfen Wasser fällt aus den dunklen Wolken. Bald züngeln da und dort Flammen empor. Denn nach ungewöhnlich starken Regenfällen Monate zuvor haben sich Gräser und Büsche hier am nordöstlichen Rand der Sonora-Wüste, im „Tonto National Forest" – einem Naturpark nahe Phoenix, der Hauptstadt von Arizona –, mächtig ausgebreitet und sind dann wieder in der Sonnenhitze verdorrt. Inzwischen lodert das Feuer an zahlreichen Stellen. Der Biologe Todd Willard lenkt seinen Geländewagen den fast 1600 Meter hohen Humboldt Mountain hinauf, um von dort oben die Situation einzuschätzen.

Er sieht, wie sich Feuersäulen die Hänge hinunterfressen, von Norden nach Süden, gegen den Wind. Willard fährt zurück zu seiner Dienststelle, ruft die Kollegen zusammen und organisiert mit ihnen den Widerstand gegen das drohende feurige Inferno. Es wurde der größte Buschbrand in der Sonora seit Menschengedenken. Fast vier Wochen lang kämpften Feuerwehrleute gegen die Flammen, schlugen mit Bulldozern Schneisen in die Vegetation, warfen aus Flugzeugen Löschpulver. Die Feuersbrunst sprang über einen Highway und verheerte mit gut 1000 Quadratkilometern eine Fläche größer als Berlin. Sie vernichtete zahllose Organismen, selbst so zähe wie die Saguaro-Kakteen.

Diese stacheligen Riesen mit ihrer an der Spitze gerundeten Säulenform, der mit Dornen bewehrten, grünlichen, ledrigen Haut und ihren wie zum Gruß erhobenen Armen sind zu Wahrzeichen des US-Bundesstaats Arizona geworden. Ihr Abbild dekoriert Autonummernschilder, und in vielen Westernfilmen bilden sie die karge Kulisse. Carnegiea gigantea, benannt nach dem schottischen Stahlbaron und Forschungsmäzen Andrew Carnegie, wird vermutlich bis zu 300 Jahre alt, rund 15 Meter hoch und damit gewaltiger als die meisten anderen Kakteenarten. Wo Saguaros – sprich „Sa-wah-rohs“ – dicht an dicht stehen, wirken sie wie ein Wald, wenn auch ohne Kronendach und Blätterrauschen, und verleihen so der Sonora etwas Dreidimensionales. Zwei Jahre nach der Katastrophe sind von ihnen im Tonto National Forest weithin nur verkohlte Stümpfe geblieben und teilweise noch die hellen, holzartigen Fasern, welche die Pflanze wie ein Innenskelett stützen. Auf dem steinigen Boden darunter liegen verbrannte Kakteenarme. Immerhin wurden nicht alle Saguaros vom Feuer versehrt. Denn es hat sich nicht in geschlossener Front über die Hänge gewälzt, sondern in separaten Herden vorangearbeitet, und so sind manche Areale verschont geblieben.

„Ein derart großer Buschbrand ist zwar nicht normal in der Sonora“, sagt Willard, als er den Jeep über eine holperige Piste steuert, die sich zwischen den Hügeln des Tonto National Forest windet. „Aber er kann immer wieder ausbrechen. Und die Saguaros sind darauf nicht vorbereitet.“ Willard und seine Kollegen haben daher ein Forschungsprogramm initiiert und unterschiedlich große Jungkakteen angepflanzt. Sie wollen lernen, welche von ihnen am besten gedeihen, wie also künftige Brandverluste auszugleichen sind.

Doch auch der Mensch hat einen Anteil daran, dass der Bestand der Giganten schrumpft. Mitunter, erzählt Willard, werden sie einfach mit Macheten abgehackt oder von Revolver- und Gewehrkugeln durchlöchert. Und weil die Saguaros begehrte Sammlertrophäen sind, kommen in der Nacht Kakteenräuber, graben die tonnenschweren Stachelpflanzen aus und laden sie per Kran auf einen Pick-up, um sie oft für Tausende von Dollars auf dem Schwarzmarkt zu verhökern. Noch schlimmer aber ist, dass sich die Sonora-Metropolen Phoenix und Tucson immer weiter in die Wüste ausdehnen und so den Lebensraum der Saguaros verkleinern.

Eine begründete Stellungnahme schreiben

08

KLASSENARBEIT

45 Minuten

1/1 Blätter

Lösung S. 174

AUFGABE

An deiner Schule sind Handys verboten, was zu heftigen Diskussionen unter den Schülerinnen und Schülern geführt hat.
Nun hat sich auch die Schülerzeitung des Problems angenommen und alle Schülerinnen und Schüler aufgefordert, sich in einem Leserbrief zu diesem Thema zu äußern.

Schreibe einen Leserbrief, in dem du darlegst, warum es erlaubt werden sollte, das Handy in die Schule mitzubringen.

Einen literarischen Text zusammenfassen

09
KLASSENARBEIT

45 Minuten

1/4 Blätter

Lösung S. 179

AUFGABE

Fasse den Text in seinen wesentlichen Inhalten und in logisch nachvollziehbaren Schritten zusammen.

Text
Per Nilsson: Saras Brieftasche

„Anon!“ Klopf, klopf an die Tür. „Darf ich reinkommen?“

„Ja … klar …“

Anon sitzt in seinem Zimmer. Mutter steht vor seiner Tür und klopft. Inzwischen ist es recht spät geworden, fast Schlafenszeit.

„Aber die Tür ist abgeschlossen. Du hast die Tür abgeschlossen.“

„Ach ja, stimmt“, ruft Anon aus dem Zimmer. „Einen Moment.“

Mutter horcht auf die Geräusche in Anons Zimmer. Es klingt, als würde eine Schreibtischschublade geöffnet und geschlossen. Ein kurzes Rascheln. Und dann Anons Schritte zur Tür.

Er schließt auf und lässt Mutter herein.

„Warum hast du abgeschlossen?“

„Also …“, beginnt Anon.

„Ach was, das ist unwichtig. Ist doch klar, dass du hinter dir abschließen darfst.“

„Mmm.“

Schweigen. Jetzt denkt sie, dass ich in die Pubertät gekommen bin, überlegt Anon. Jetzt denkt sie, dass ich hier in meinem Zimmer Pornoheftchen lese. Und vielleicht an mir selbst rummache.

„Ich wollte bloß gute Nacht sagen“, erklärt Mutter. „Willst du nicht auch ins Bett gehen?“

Anon gähnt. „Hatte ich gerade vor."

„Also dann, gute Nacht."

„Gute Nacht."

Als Anon aus dem Bad Zähneputzgeräusche hört, zieht er seine Tür vorsichtig zu und schließt sie möglichst lautlos ab. Dann kehrt er an den Schreibtisch zurück, öffnet die rechte Schreibtischschublade und kramt etwas hervor, das er dort in der hintersten Ecke versteckt hat.

Saras Brieftasche.

Saras Brieftasche, die Anon vor drei Tagen hinter der Bushaltestelle im hohen Gras gefunden hat.

Und wieder legt er die schwarze Brieftasche vor sich auf den Schreibtisch, betrachtet sie kurz, um dann den Inhalt ein weiteres Mal auszuleeren. Viel ist es nicht:

Eine Bibliothekskarte.

Zwei zerknitterte Quittungen: eine vom Musikladen um die Ecke und eine von einer Boutique.

Ein Foto von einer dicken, gelbweißen Katze.

Keine Scheckkarten und kein Geld.

Nicht eine einzige, winzig kleine Münze.

Doch, etwas steckte noch in der Brieftasche, als Anon sie fand: ein Foto. Das Automatenfoto von einem Typ, der so achtzehn oder zwanzig Jahre alt sein mochte. Weil Anon fand, dass der Typ wie ein Gangster aussah, zerriss er das Foto in tausend kleine Schnipsel, die er im Klo runterspülte.

Vielleicht war der Typ auf dem Foto Saras älterer Bruder. Anon hat Sara noch nie gesehen, aber er weiß trotzdem genau, wie sie aussieht. Irgendwie wär's echt komisch, wenn so ein süßes kleines Ding wie Sara einen so total scheußlichen Bruder hätte.

Anon sitzt an seinem Schreibtisch und starrt eine Bibliothekskarte an.

Dank der Bibliothekskarte weiß Anon, dass die Brieftasche Sara gehört. Und dass Sara mit Nachnamen Enoksson heißt, in Östra Storgatan 14 wohnt und die Telefonnummer 445637 hat.

Anon könnte Sara anrufen und ihr sagen, dass er ihre Brieftasche gefunden hat. Aber er hat eine viel bessere Idee. Er wird Sara persönlich besuchen und ihr die Brieftasche überreichen.

Allerdings nicht sofort, zuerst muss er sich nämlich vorbereiten. Heute ist er zum Beispiel schon in Östra Storgatan gewesen, um sich zu vergewissern, welches Haus Nummer 14 ist. Für morgen hat er sich vorgenommen, in das Haus reinzugehen und festzustellen, in welchem Stockwerk Sara wohnt.

Dann, irgendwann, wird er mit der Brieftasche in der Hand hingehen und an Saras Tür läuten.

Und das wird dann so:

Sara öffnet die Tür, und als sie sieht, was ich in der Hand halte, freut sie sich riesig. „Oh, vielen Dank!“, sagt sie, und wenn sie lacht, sieht sie einfach unheimlich süß aus und ihre geraden Stirnfransen hängen ihr fast in ihre funkelnden Augen und sie guckt mich neugierig, leicht fragend an und ihre Mutter bittet mich herein und tischt Saft und frisch gebackene Rosinenschnecken auf und Sara und ich sitzen einander gegenüber am Küchentisch und essen weiche, warme Rosinenschnecken und unterhalten uns vorsichtig über nichts Besonderes und Saras Augen lächeln mild und lieb und genau dann läutet das Telefon und Saras Mutter geht hin und da beugt Sara sich zu mir vor und sagt: „Weißt du was?“ „Nein“, sage ich. Da sagt sie, dass sie heute Nacht von mir geträumt hat, und dann sage ich, dass ich jede Nacht von ihr träume, seit ich die Brieftasche in dem hohen Gras gefunden habe. Sie sieht mir in die Augen, irgendwie fragend, mit einem neugierigen Lächeln. Und bevor Saras Mutter zurückkommt, haben Sara und ich verabredet, dass wir uns am nächsten Tag nach der Schule treffen und irgendwas gemeinsam unternehmen. Und am übernächsten Tag auch und am überübernächsten.

Genau so wird das sein, denkt Anon.

Anon drückt einen kurzen, leichten Kuss auf Sara Enokssons Bibliothekskarte, bevor er sie wieder in die Brieftasche zurücksteckt.

Diese Brieftasche hat Sara in ihrer hinteren Hosentasche gehabt, sie hat sie ganz nah an sich getragen, denkt Anon und hält die Brieftasche ein Weilchen an seine Wange.

Die Brieftasche riecht nach Erde und Leder.

Bevor Anon einschläft, denkt er wieder an Sara und daran, wie es werden wird, wenn er sie trifft.

Eine literarische Person charakterisieren

10

KLASSENARBEIT

60 Minuten

1/2 Blätter

Lösung S. 184

AUFGABE

Lies den kurzen Prosatext und charakterisiere die Figur des Achim. Beziehe auch sein Verhalten und Handeln in deine Deutung mit ein.

Margret Steenfatt: Im Spiegel

„Du kannst nichts“, sagten sie, „du machst nichts“, „aus dir wird nichts.“ Nichts. Nichts. Nichts.

Was war das für ein NICHTS, von dem sie redeten und vor dem sie offensichtlich Angst hatten, fragte sich Achim, unter Decken und Kissen vergraben.

Mit lautem Knall schlug die Tür hinter ihnen zu.

Achim schob sich halb aus dem Bett. Fünf nach eins. Wieder mal zu spät. Er starrte gegen die Zimmerdecke. – Weiß. Nichts.

Ein unbeschriebenes Blatt Papier, ein ungemaltes Bild, eine tonlose Melodie, ein ungesagtes Wort, ungelebtes Leben.

Eine halbe Körperdrehung nach rechts, ein Fingerdruck auf den Einschaltknopf seiner Anlage. Manchmal brachte Musik ihn hoch.

Er robbte zur Wand, zu dem großen Spiegel, der beim Fenster aufgestellt war, kniete sich davor und betrachtete sich: lang, knochig, graue Augen im blassen Gesicht, hellbraune Haare, glanzlos. ‚Dead Kennedys‘ sangen: „Weil sie dich verplant haben, kannst du nichts anderes tun als aussteigen und nachdenken.“

Achim wandte sich ab, erhob sich, ging zum Fenster und schaute hinaus. Straßen, Häuser, Läden, Autos, Passanten, immer dasselbe. Zurück zum Spiegel, näher heran, so nahe, dass er glaubte, das Glas zwischen sich und seinem Spiegelbild durchdringen zu können. Er legte seine Handflächen gegen sein Gesicht im Spiegel, ließ seine Finger sanft über Wangen, Augen, Stirn und Schläfen kreisen, streichelte, fühlte nichts als Glätte und Kälte.

Ihm fiel ein, dass in dem Holzkasten, wo er seinen Kram aufbewahrte, noch Schminke herumliegen musste. Er fasste unters Bett, wühlte in den Sachen im Kasten herum und zog die Pappschachtel heraus, in der sich einige zerdrückte Tuben fanden. Von der schwarzen Farbe war noch ein Rest vorhanden.

Achim baute sich vor dem Spiegel auf und malte zwei dicke Striche auf das Glas, genau dahin, wo sich seine Augenbrauen im Spiegel zeigten. Weiß besaß er reichlich. Er drückte eine Tube aus, fing die weiche ölige Masse in seinen Händen auf, verteilte sie auf dem Spiegel über Kinn, Wangen und Nase und begann sie langsam und sorgfältig zu verstreichen. Dabei durfte er sich nicht bewegen, sonst verschob sich seine Malerei. Schwarz und Weiß sehen gut aus, dachte er, fehlt noch Blau. Achim grinste seinem Bild zu, holte sich das Blau aus dem Kasten und färbte noch die Spiegelstellen über Stirn und Augenlidern.

Eine Weile verharrte er vor dem bunten Gesicht, dann rückte er ein Stück zur Seite, und wie ein Spuk tauchte sein farbloses Gesicht im Spiegel wieder auf, daneben eine aufgemalte Spiegelmaske.

Er trat einen Schritt zurück, holte mit dem Arm weit aus und ließ seine Faust in die Spiegelscheibe krachen. Glasteile fielen herunter, Splitter verletzten ihn, seine Hand fing an zu bluten. Warm rann ihm das Blut über den Arm und tröpfelte zu Boden. Achim legte seinen Mund auf die Wunden und leckte das Blut ab. Dabei wurde sein Gesicht rotverschmiert.

Der Spiegel war kaputt. Achim suchte sein Zeug zusammen und kleidete sich an. Er wollte runtergehen und irgendwo seine Leute treffen.

Textproduktion: Einen Tagebucheintrag verfassen

11
KLASSENARBEIT

45 Minuten

1/3 Blätter

Lösung S. 189

Nicole Meister: Wir reden morgen weiter darüber

Es war eigentlich ein friedlicher Abend gewesen. Ich saß bei meiner Mutter im Arbeitszimmer und las. Ich mochte es, in ihrer Gesellschaft zu sein. Auch wenn sie mich kaum zur Kenntnis nahm. Seit meinem letzten Streit mit meinem Vater war eine knappe Woche vergangen. Wir gingen uns wie üblich aus dem Weg.

Nach einer Weile kam er ins Zimmer und brachte meiner Mutter einen Kaffee. Ich streichelte gerade die schwarze Terry und sie schnurrte begeistert. Der Blick meines Vaters streifte mich flüchtig und er sagte: „Komm mal mit, Moon."

Ich fragte warum und er sagte, das würde ich schon sehen. Mit einem unguten Gefühl im Magen stand ich auf und folgte ihm ins Wohnzimmer.

„Setz dich", sagte er und zog unter den Zeitungen einen Zettel hervor. „Weißt du, was das ist?" Ich schüttelte den Kopf.

„Das ist ein blauer Brief. Genauer gesagt, das ist dein blauer Brief." Verflucht, dachte ich, wieso kommen die heute schon? Ich schwieg. (…) „Du bist in Mathe, Chemie und Physik vorgewarnt."

Ich dachte an die Ferien, die nicht mehr in allzu weiter Ferne lagen, und ich dachte an Florians Party, die in zwei Wochen stattfinden sollte. Ich dachte, ich könnte beides vergessen. Mir wurde übel.

„Aha", sagte ich heiser.

„Ich bin sehr enttäuscht, Moon."

„Es tut mir Leid", sagte ich und es kam mir albern vor. Es war doch meine Versetzung, die in Gefahr war. Ich hätte traurig und enttäuscht sein müssen. Nicht er. Aber ich hatte nur Angst.

„Meinst du, du packst das noch?"

„Ich glaube es."

„Junge, ich will dich doch nicht in die Hauptschule geben."

Das saß. Das kränkte mich mehr als irgendetwas sonst.

„Ich bin nicht dumm", sagte ich.

„Meinst du, in der Hauptschule sitzen nur Dummköpfe? Du hast furchtbare Vorurteile. Da gibt es auch intelligente Kinder. Die sind nur faul."

„Und ich?"

„Faul bist du sowieso."

Sichtlich hielt er mich für dumm. Aber das war eigentlich nichts Neues.

„Ich habe mir etwas überlegt. Ich bin mir zwar noch nicht sicher, weil es mir schwer fallen würde. Aber vielleicht wäre es tatsächlich das Beste, du kämst in ein Internat."

„Nein", sagte ich und fuhr auf. „Nein, wenn du das tust, bring ich dich um." Das klang kindisch und übertrieben. Aber in dieser Sekunde dachte ich, es sei ohnehin egal, was ich sagte. Es musste nur etwas Hartes sein.

„Ich haue ab. Ich lasse mich nicht abschieben. Ihr hättet mich gar nicht erst bekommen sollen. Dann hätte ich nun nicht unter euch zu leiden."

„Moon", sagte mein Vater beinahe besänftigend. „Es war nur ein Vorschlag. Werde nicht gleich hysterisch."

„Ich bin nicht so blöd, wie du denkst", fauchte ich ihn an. „Ich bin überhaupt nicht blöd."

Er stand auf, ging zu mir und fasste mich an der Schulter. Ich schlug seine Hand weg. In dieser Minute dachte ich, dass ich ihn hasste.

„Moon", sagte er erneut.

„Lass mich in Ruhe", schrie ich und spürte, wie ich anfing zu heulen. Dafür hasste ich nun mich. Mein Vater stand da. Hilflos bis ins Letzte. (...) Meine Mutter kam ins Wohnzimmer und fragte, ob wir verrückt seien.

„Hau ab", schrie ich nun sie an. „Mach, dass du wegkommst. Ich interessiere dich doch ohnehin nicht."

„Was ist los mit ihm, Daniel?", fragte sie meinen Vater, und der zuckte nur mit den Achseln.

„Moon, vergiss, was ich gesagt habe", meinte er.

„Was hast du gesagt? Warum weint der Kleine?"

Ich nahm mir die struppige Valentine, um bei ihr Trost zu suchen. Sie wollte aber nicht und biss mich. Darauf heulte ich noch verrückter. Meine Eltern beobachteten mich fasziniert.

„Ich habe ihm gesagt, ich würde mir überlegen, ob er ins Internat käme", sagte mein Vater zögernd.

„Das ist doch Unsinn", sagte sie.

„Bei seinen Noten finde ich das gar nicht so unsinnig."

„Aber ich finde es unsinnig, Daniel", sagte meine Mutter. (...)

„Moon", sagte mein Vater. „Moon, hör auf zu heulen."

„Klar", sagte ich. „Wenn du das sagst, sofort."

„Moon“, bat meine Mutter.

Ich saß zusammengekauert auf dem Sofa und heulte immer noch.

„Wir reden morgen weiter darüber“, meinte mein Vater.

„Worüber?“, fragte Ma.

„Über den blauen Brief.“

„Wenn du etwas zu sagen hast, dann sage es jetzt“, verlangte ich.

„Du wirst arbeiten“, sagte er. „Du wirst viel arbeiten. Und du wirst die Klasse nicht wiederholen. Das ist das Mindeste, was ich von dir verlangen kann.“

„Und wenn ich kleben bleibe?“

„Dann kannst du deinen Urlaub vergessen.“ Ich nickte nur.

„Und nun geh auf dein Zimmer.“

Ich stand auf, drückte mich an ihnen vorbei und ging die Treppen hoch. Ich fühlte mich elend und dachte, der glaubt doch selber nicht, dass er mich mag.

AUFGABE

Oben auf seinem Zimmer lassen Moon die Gedanken an das Gespräch mit den Eltern nicht los. Um seine Gedanken zu sortieren, setzt er sich an seinen Schreibtisch und beginnt, in sein Tagebuch zu schreiben.
Versetze dich in die Situation von Moon und schreibe diesen Tagebucheintrag für ihn.

Einen Sachtext erschließen, Sprachkompetenz und Grammatikkenntnisse überprüfen

12
KLASSENARBEIT

45 Minuten

1/7 Blätter

Lösung S. 195

TEIL 1: TEXTE LESEN UND VERSTEHEN

AUFGABE 1

Lies den folgenden Text genau durch. | **10 Minuten**

Stefanie Wilhelm:
Bangladesch: Eine etwas andere Schule

Zufrieden zeigt Poritosh seinem Freund Subraoto das Ergebnis. Den Lösungsweg zu der kniffeligen Matheaufgabe haben die beiden Fünfzehnjährigen selbst herausgefunden. „Gut gemacht!" lobt Lehrer Rongon Roy die Jungen. Nur wenn seine Schüler eine Frage haben oder mit einer Aufgabe nicht weiterkommen, mischt er sich ein. Ansonsten haben in der METI-Schule in Bangladesch die Kinder das Wort. Gemeinsam diskutieren sie die Themen im Unterricht und helfen sich gegenseitig beim Lösen der Aufgaben.

Auf der Dorfschule, die Poritosh und Subraoto früher besucht haben, war das ganz anders. Dort hatten die beiden sogar Angst, in die Schule zu gehen. „Ständig erhielten wir Schläge", erzählt Subraoto. „Wenn wir schwatzten. Wenn wir die Hausaufgaben vergessen hatten oder eine Aufgabe nicht auf Anhieb verstanden. Die Lehrer halfen uns nicht, sie schimpften nur." Seit sie auf die METI-Schule gewechselt haben, freuen sich Poritosh und Subraoto auf den Unterricht. Mathematik mögen sie besonders gerne. „Ich möchte später Ingenieur werden. Oder Computertechniker", sagt Poritosh. Sein Lehrer Rongon Roy glaubt, dass er das schaffen wird: „Mathematik und logisches Denken, das liegt dir!", sagt er zu Poritosh.

In der METI-Schule unterstützen die Lehrer ihre Schüler. Sie finden, dass die Jungen und Mädchen viel mehr lernen, wenn sie sich dabei wohlfühlen. Schulbänke kann man hier deshalb lange suchen – viel zu unbequem! Zum Unterricht machen es sich Schüler wie Lehrer lieber auf Bastmatten gemütlich. Unter der Decke hängen bunte Tücher, und die Bambusstäbe vor den Fenstern werfen hübsche Schattenmuster auf den Boden. Doch das allerbeste: Zwischen den Klassenzimmern gibt es Höhlen, in die sich die Schüler zum Lesen oder zum Arbeiten in kleinen Gruppen zurückziehen können. Sie müssen einfach nur durch die Schlupflöcher in der Wand klettern. Im ersten Stock ist draußen vor dem Klassenzimmer ein Hochsitz aus Bambus angebracht. Von hier aus hat man einen herrlichen Ausblick auf den See, auf die vielen verschiedenen Bäume und auf das Dorf Rudrapur.

Hier im Norden von Bangladesch leben die meisten Menschen vom Ertrag ihrer Reisfelder. Manche bauen auch Mais oder Jute an. Poritoshs Vater hat einen kleinen Laden. Dort verkauft er Tee und frittierte Gemüsekugeln, die Poritoshs Mutter zubereitet. Wie fast alle Erwachsenen im Ort haben Poritoshs Eltern keinen Schulabschluss. Zwar haben sie ein paar Jahre lang die Dorfschule besucht, doch das hat wenig gebracht: Der Unterricht war so schlecht, dass keines der Dorfschulkinder die Aufgaben für die Abschlussprüfung lösen konnte.

Auch Poritosh und Subraoto müssen bald zur Prüfung. Die findet an einer staatlichen Schule statt, gemeinsam mit Schülern von anderen Schulen. Angst vor den Aufgaben haben die beiden nicht. „Wir sind bestens vorbereitet“, sagt Subraoto. Stimmt: In den letzten Jahren haben die METI-Schüler sogar von allen Schulen am besten abgeschnitten. „Die Frage ist nicht, ob wir bestehen, sondern wie gut!“, lacht Poritosh und schaut kurz von seinem Mathebuch auf. Dann macht er sich an die Lösung der nächsten kniffeligen Aufgabe.

AUFGABE 2

Dieser Sachtext ist in fünf Abschnitte gegliedert. Fasse jeden Textabschnitt jeweils in einem Satz zusammen. __/5 P.

Abschnitt 1:

____

____

Abschnitt 2:

____

____

Abschnitt 3:

____

____

Abschnitt 4:

____

____

Abschnitt 5:

____

____

AUFGABE 3

Erstelle auf der Grundlage deiner Ergebnisse eine kurze Textzusammenfassung. __/5 P.

____

____

____

____

____

____

TEIL 2: SPRACHKOMPETENZ

AUFGABE 4

Der folgende Text enthält vier Ausdrucksfehler. Markiere und verbessere sie!

_/4 P.

In Deutschland gibt es seit Anfang des 19. Jahrhunderts die allgemeine Schulpflicht; sie wurde zuerst 1807 in Preußen erfunden.

Das Ziel war, den Staatsbürgern wichtige Grundfertigkeiten zu vermitteln, z. B. Lesen und Schreiben. Das war nötig, um die Bürger am Fortschritt teilhaben zu lassen und aus ihnen sinnvolle Arbeiter, die dann auch in Industriebetrieben eingesetzt wurden, zu machen.

Heute ist es unglaublich, dass ein Kind nicht zur Schule geht und ein Erwachsener sich Texte vorlesen lassen muss, weil er selbst nie Lesen beigebracht hat.

AUFGABE 5

Finde ein Antonym für den jeweils unterstrichenen Begriff.

_/3 P.

a) Die <u>wenigsten</u> Schulen in Deutschland sind staatliche Schulen.

b) Ganztagschulen sind eher <u>häufig</u> anzutreffen.

c) Der <u>Rückstand</u> ist kaum noch aufzuholen.

AUFGABE 6

__/5 P.

Setze im folgenden Text die fünf fehlenden Kommas an die richtige Stelle.

Im antiken Athen begann der schulische Alltag für Kinder mit etwa sechs Jahren – allerdings nur für die Jungen die Mädchen wurden zu Hause in den alltäglichen Dingen unterrichtet. Doch auch der Schulunterricht war nicht akademisch-abstrakt; ganz im Gegenteil: Im Mittelpunkt der Erziehung stand der Sport. Die Knaben sollten tüchtige Kämpfer werden keine Gefahr oder Anstrengung scheuen aber dabei auch den Intellekt ausbilden. Sie mussten lesen schreiben und weite Teile aus den homerischen Epen auswendig lernen. Homer gilt heute als Erzieher der griechischen Jugend in der Antike und wirklich dienten seine Werke dazu den Charakter der Heranwachsenden zu bilden und ihr Wertebewusstsein in die gewünschte Richtung zu lenken. Eine wichtige Rolle spielte auch die musische Bildung: Deshalb mussten die Schüler auch das Spiel auf der Leier und Flöte erlernen.

TEIL 3: GRAMMATIK

AUFGABE 7

Wandle die vorgegebenen Sätze vom Aktiv ins Passiv bzw. vom Passiv ins Aktiv um. Lasse dabei nichts weg und behalte das vorgegebene Tempus bei.

_/3 P.

a) In der METI-Schule unterstützen die Lehrer ihre Schüler.

___

b) Gemeinsam diskutieren die Schüler die Themen im Unterricht.

___

c) An traditionellen Schulen wird den Schülern von den Lehrern nicht geholfen.

___

AUFGABE 8

Forme die folgenden Sätze in die indirekte Rede um.

_/3 P.

a) „Gut gemacht!", lobt Lehrer Rongon Roy die Jungen.

___

b) „Die Frage ist nicht, ob wir bestehen, sondern wie gut!", meint Poritosh.

___

c) „Ich möchte später Ingenieur werden", sagt Poritosh.

___

AUFGABE 9

_/3 P.

Wandle die folgende Sätze in den Konjunktiv II um.

a) Subraoto erzählt: „Die Lehrer halfen uns nicht, sie schimpften uns nur."

____

b) „Wir sind bestens vorbereitet", sagt Subraoto.

____

c) „Ständig erhielten wir Schläge", erzählt Subraoto.

____

AUFGABE 10

_/3 P.

Unterstreiche in den folgenden Sätzen die Modalverben.

a) In vielen Schulen in Bangladesh werden Kinder geschlagen, wenn sie etwas nicht verstanden haben.

b) In der METI-Schule dürfen sie fragen.

c) Wenn sie dort etwas lernen wollen, finden sie günstige Voraussetzungen vor.

d) Die Klassenzimmer sind ansprechend gestaltet, die Schüler können sich auch in Höhlen zurückziehen.

e) Es gibt auch einen Hochsitz aus Bambus.

GESAMT

___/34 P.

LÖSUNGEN

5.–6. Klasse

Eine Bildergeschichte erzählen

01

LÖSUNGEN

KA Seite 10

VORARBEITEN

1) Schau dir die Bilder genau an. Gehe dabei von folgenden Fragestellungen aus:

   - Welche Personen kommen vor? Was tun diese Personen? Welche Beziehungen haben die einzelnen Personen zueinander? Was sehen sie oder was könnten sie denken oder zueinander sagen? Warum handeln die Personen so, wie es dargestellt wird?
   - Welche Gefühle drücken sich in ihrem Verhalten, ihrer Mimik und Gestik aus?
   - Wo findet das Geschehen statt?
   - Was könnte zwischen den einzelnen Bildern geschehen sein?
   - Worin besteht die überraschende Wende, die Pointe?

2) Mache dir Notizen zu den Antworten der einzelnen Fragen und ordne diese zu Erzählschritten eines Schreibplans.

(Du kannst dir für diese Vorarbeiten **15 Minuten** Zeit lassen; je sorgfältiger du hier arbeitest, desto einfacher ist die Ausführung deiner Erzählung.)

ERZÄHLSCHRITTE DES SCHREIBPLANS

Einleitung:
Andeutung des außergewöhnlichen Ereignisses, hervorgerufen durch ungeahnte Kräfte (Spannungsaufbau!)

Hauptteil:
Erzählschritte hin zum Höhepunkt:

- Pflanzen eines Baumes und Zufriedenheit nach getaner Arbeit
- Mein Sohn wird verfolgt
- Der Verfolger bedroht mich

Höhepunkt oder Pointe:

- Überraschende Kraftdemonstration und ihre Wirkung (ausgestalten!)
- Den Gegner in die Flucht geschlagen

Schluss:
Bewunderung durch den Sohn und Aufklärung

AUFSATZ

Ein starkes Stück (1)

Ich werde nie vergessen, wie es mir einmal gelungen ist, meinen Sohn und einen furchterregenden Menschen von meinen ungeahnten Kräften zu überzeugen. (2)

Nachdem ich gerade einen schon recht hoch gewachsenen Baum in unserem Garten mühevoll eingepflanzt und den Spaten nach vollbrachter Arbeit in das Gartenhaus zurückgebracht hatte, wollte ich mich noch einmal zufrieden vom gelungenen Ergebnis meiner Arbeit überzeugen.

Da sah ich plötzlich meinen Sohn auf mich zu stürmen, verfolgt von einem riesigen Kerl, der grimmig dreinschaute. (3) „Was geht denn hier vor?", fragte ich mich erstaunt und eilte sofort meinem Sohn entgegen. „Hilfe, Papa! Hilfe!", rief der Kleine mir zu und verbarg sich schlotternd vor Angst hinter mir, nachdem ich gerade meinen frisch eingepflanzten Baum erreicht hatte. (4)

„Eine Unverschämtheit", brüllte mich der Riese an, packte mich am Jackett und drohte mich mit wild erhobener rechter Faust zu verprügeln. Ich musste meinen ganzen Mut zusammennehmen, hielt mich vorsichtshalber am Baum fest und blickte dem Kerl unverwandt in die Augen. (5) „Eine Unverschämtheit", wiederholte dieser lautstark, „Ihr Sohn hat mich beschimpft. Stark, aber dumm sei ich, hat er gesagt!" (6)

„Wenn das alles ist!", rufe ich zornig und reiße mit einem Ruck den gerade eingepflanzten Baum aus dem Erdreich. Der riesige Kerl schnellt wie von der Tarantel gestochen zurück, spreizt zutiefst erschrocken seine Hände, schlottert vor Angst mit den Knien, glotzt mich noch blöde mit großen Augen an und wendet sich schließlich fluchtartig und stürzt aus unserem Garten. (7)

Mit stolz geschwellter Brust hielt ich den Baum hoch und schloss vor Genugtuung die Augen. „Dem hast du's aber gezeigt", jubelte mein Sohn. „Haha, da rennt der starke Dummkopf!"

Später erzählte mir mein Sohn, wie diese Vorstellung von meiner ungeheuren Kraft ihn beeindruckt hatte. Natürlich erklärte ich ihm später den wahren Hintergrund dieser Kraftdemonstration. (8)

⏱ 30 Minuten

(1) Ein **Titel**, der den Höhepunkt der Erzählung andeutet, erzeugt Spannung!

(2) Die **Einleitung** soll auf die Erzählung hinführen und Spannung erzeugen, ohne schon Wichtiges zu verraten.

(3) Im **Hauptteil** zügig auf den Höhepunkt zu erzählen, Sätze treffend miteinander verbinden (z. B. nachdem, gerade, da, plötzlich …)

(4) **Wörtliche Rede** belebt die Erzählung. Auch Gedanken und Gefühle können in wörtlicher Rede geäußert werden.
(5) Die Aneinanderreihung unterschiedlicher Handlungen in kurzen Sätzen erhöht die **Spannung**.
(6) Wiederholungen dieser Art verstärken die Eindringlichkeit.

(7) Der **Höhepunkt** kann im Präsens geschrieben werden. Kurze Sätze erhöhen das Tempo. Vergleiche und eine passende Wortwahl machen deine Erzählung anschaulich.

(8) Der **Schluss** rundet die Erzählung ab und gibt Auskunft über das Ende des Geschehens. Hier knüpft er nochmal an die Einleitung an.

SELBSTBEWERTUNGSBOGEN: EINE BILDERGESCHICHTE ERZÄHLEN

Folgende Bewertungspunkte solltest du erfüllen: Du hast …	Höchstpunktzahl		Deiner Meinung nach erreichte Punktzahl
die Erzählung • in einem Schreibplan klar gegliedert, • in einem zusammenhängenden Text verfasst.	5 5	**10**	
mit der Einleitung Spannung erzeugt.	2	**2**	
der Erzählung einen passenden Titel gegeben.	4	**4**	
durchgehend aus der Perspektive des Vaters erzählt.	4	**4**	
die Wende/die Pointe erkannt und angemessen gestaltet, indem du • zügig auf den Höhepunkt zu erzählt hast, • den Höhepunkt spannend ausgestaltet hast.	5 5	**10**	
einen logischen Zusammenhang zwischen den Bildern hergestellt.	8	**8**	
zwischen der inneren und äußeren Handlung unterschieden, indem du: • die äußere Handlung entsprechend der vorgegebenen Bilder dargestellt hast, • Gesichtsausdruck und Körperbewegung der dargestellten Personen treffend benannt hast, • die Gedanken und Empfindungen der handelnden Personen zum Ausdruck gebracht hast.	4 4 4	**12**	
einen passenden Schluss gefunden.	4	**4**	
deine Erzählung durch • den Einsatz wörtlicher Rede, • Ausrufe, kurze Sätze usw. • die Wahl ausdrucksstarker Verben und Adjektive lebendig gestaltet.	4 4 4	**12**	
Zwischensumme für die inhaltliche Darstellung		**66**	

Bei der **sprachlichen Darstellung** hast du: • auf vollständige Sätze und wechselnde Satzmuster geachtet, • deine Wortwahl treffend und abwechslungsreich gestaltet, • die Regeln der Rechtschreibung beachtet, • die richtige Zeichensetzung bei der wörtlichen Rede angewendet, • auf korrekte Grammatik geachtet, • die passende Erzählzeit (Präteritum/Präsens) gewählt.	3 3 2 2 2 2	**14**	
Summe insgesamt		**80**	

MEIN ERGEBNIS

Punkte	80–75	74–69	68–63	62–57	56–51	50–45	44–38	37–31	30–24	23–17	16–0
Note	1	1,5	2	2,5	3	3,5	4	4,5	5	5,5	6

Nacherzählen aus veränderter Perspektive

02

LÖSUNGEN

VORARBEITEN

KA Seite 12

ZU AUFGABE 1

Überlege, wie man die Erzählschritte unterscheiden kann.
Markiere zunächst beim Lesen die Stellen, wo etwas Neues beginnt.
Achte dabei besonders auf den Höhepunkt.

ZU AUFGABE 2

1) Überlege, was für ein Mensch der Spitalmeister sein könnte (z. B. misstrauisch oder gutgläubig). Dies ist wichtig, damit du dich in seine Gedanken und Gefühle hineinversetzen kannst.
2) Lies die Erzählung noch einmal genau aus der Sicht des Spitalmeisters durch und entwickle mögliche Gedanken und Gefühle des Spitalmeisters zu den einzelnen Handlungsschritten.

ZU AUFGABE 3

1) Überlege, was du wegen der anderen Sichtweise bei dieser Erzählung inhaltlich verändern musst, weil der Spitalmeister einige Dinge nicht wissen kann.
2) Bedenke, dass du in die Rolle des Betrogenen schlüpfst.
3) Denke daran, dass du zwar Gedanken und Gefühle hinzuerfinden kannst, aber ansonsten den Ablauf der Geschichte beibehalten musst.
4) Stell dir genau vor, wie die „Heilung" der Kranken aussieht. Sie haben alle Todesangst, keiner will der Letzte sein!
5) Stelle dir die Gefühle des Spitalmeisters vor, als er seine Patienten sieht, die sein Krankenhaus „geheilt" verlassen.

TIPP

Notiere Wörter, die den Tumult der fliehenden Patienten ausdrücken.

LÖSUNG ZU AUFGABE 1

Erzählschritte markieren

Text	Erzählschritt
Die 18. Geschichte erzählt, wie Eulenspiegel in einem Spital an einem Tage alle Kranken ohne Arznei gesund machte.	Überschrift
Einmal kam Eulenspiegel nach Nürnberg, nagelte große Plakate an die Kirchtüren und an das Rathaus. Er teilte darauf mit, dass er ein guter Arzt für alle Krankheiten sei.	Einleitung – Wer? Wo? Was?
Zu dieser Zeit befand sich eine große Zahl kranker Menschen in dem neuen Spital, so dass es völlig überfüllt war. Der arme Spitalmeister war ganz verzweifelt und wusste nicht ein noch aus. So entschloss er sich zu dem neuen Doktor zu gehen. Er fragte ihn, ob er auch seinen Kranken helfen könne. Er werde dafür auch gut bezahlen.	Hauptteil: 1. Erzählschritt – Das Problem und die Hoffnung auf die Lösung
Der unbekannte Doktor versprach: „Ich will die Kranken gesund machen, wenn ich 200 Gulden dafür bekomme." Der Spitalmeister war einverstanden. Und Eulenspiegel erklärte großzügig, dass der Spitalmeister ihm keinen Pfennig zu geben brauche, wenn die Kranken nicht gesund würden. Das gefiel dem Spitalmeister sehr gut, und er gab dem Unbekannten 20 Gulden Vorschuss.	2. Erzählschritt – die geschäftliche Vereinbarung
Eulenspiegel ging in das Spital und fragte jeden Kranken, welche Krankheit er habe. Bevor er die Kranken verließ, flüsterte er jedem einzelnen Patienten in das Ohr: „Was ich dir jetzt sagen werde, das sollst du als Geheimnis bei dir behalten, du darfst es niemandem verraten. Wenn ich euch gesund machen soll, kann ich das nur folgendermaßen tun: Ich muss einen von euch zu Pulver verbrennen und dies den anderen zu trinken geben. Den Letzten, der den Krankensaal verlässt, wenn ich rufe: ‚Wer nicht krank ist, der komme sogleich heraus!', werde ich daher zu Pulver verbrennen.	3. Erzählschritt – Hinführung zum Höhepunkt – Eulenspiegels Trick
Am nächsten Morgen erschien Eulenspiegel mit dem Spitalmeister in der Tür des Spitals und rief mit lauter Stimme: „Wer da nicht krank ist, der komme sogleich heraus!" Sofort begannen alle Kranken zu laufen, sogar Kranke, die in zehn Jahren nicht aus dem Bett gekommen waren. Als das Spital nun ganz leer war und die Kranken alle draußen waren, verlangte Eulenspiegel von dem Spitalmeister seinen Lohn und sagte, er müsse eilig in eine andere Gegend reisen. Der Spitalmeister gab ihm das Geld mit großem Dank, und Eulenspiegel ritt hinweg.	Höhepunkt – die Wunderheilung

Doch nach drei Tagen kamen die Kranken wieder zurück, und alle klagten über ihre alten Krankheiten. Da wunderte sich der Spitalmeister und fragte, was da geschehen sei. Ein Kranker verriet dem Spitalmeister, womit Eulenspiegel ihnen gedroht hatte.

Schluss – das böse Erwachen

Da merkte der Spitalmeister, dass er von Eulenspiegel betrogen war.

10 Minuten

LÖSUNG ZU AUFGABE 2

Gedanken und Gefühle in den Erzählplan eintragen

Erzählschritt:	1. Erzählschritt = Einleitung	2. Erzählschritt	3. Erzählschritt	Höhepunkt	Schluss
Gedanken des Spitalmeisters:	Was ist zu tun? Das Krankenhaus ist voll	Ich bin gerettet, und das für nur 200 Gulden, die ich gerne zahlen werde.		Wie ist das nur möglich? Alle verlassen das Krankenhaus! Das muss ein Wunderdoktor sein! Vielleicht auch Hexerei?	Ich hätte es ahnen müssen, dass es keine solchen Wunder gibt.
Gefühle des Spitalmeisters:	neuer Mut, Zuversicht	Freude, Glücksgefühl		Überraschung, Begeisterung, Ausgelassenheit	Wut über die eigene Dummheit, Verbitterung über den finanziellen Verlust

10 Minuten

LÖSUNG ZU AUFGABE 3

Die wundersame Heilung

Am nächsten Tag trafen wir uns in meinem Spital. Doktor E. Spiegel sprach mit allen Kranken, erkundigte sich nach ihren Krankheiten und flüsterte ihnen zum Schluss etwas ins Ohr. Am späten Abend versprach der unbekannte Doktor mir: „Ich werde die meisten Kranken heilen können! Kommen Sie morgen früh in den großen Krankensaal. Sie werden überrascht sein!" Voller Vorfreude konnte ich die Nacht nicht schlafen und malte mir aus, wie sich mein Ruf als Klinikchef über Nürnberg hinaus herumsprechen würde.

Die Überschrift darf nicht zu viel verraten, muss aber zu der Geschichte passen.

Den Trick von Eulenspiegel darfst du natürlich noch nicht verraten! Du weißt als Spitalmeister nicht, was hier vorgeht!

Am nächsten Morgen standen wir beide an der Eingangstür des Spitals. Ich war gespannt, was nun folgen würde. Ich schrak jedoch zusammen, als der unbekannte Doktor aus vollem Hals schrie: „Wer da nicht krank ist, der komme sogleich heraus!"

Setze wörtliche Rede ein, um die Erzählung abwechslungsreicher zu gestalten.

Was sich nun vor meinen Augen abspielte, war unglaublich! Plötzlich warfen alle Kranken ihre Bettdecken zu Boden. Ein ungeheurer Lärm brach aus. Das Schreien und Kreischen der Kranken hallte durch den Krankensaal. Vor Überraschung schnürte es mir die Kehle zu, ich konnte nichts mehr sagen. Sollten alle Kranken mich betrogen haben, um ruhige Tage hier im Spital zu verbringen? Alle Kranken sprangen aus ihren Betten, humpelten, rutschten oder krochen auf allen Vieren zum Ausgang. Sie stolperten übereinander, und jeder versuchte schneller zu sein als der andere. Sie stießen, rempelten und traten einander, kaum kamen sie heil durch das Eingangstor. Dann war alles still! Kein Kranker mehr im Saal! Ein Wunder war geschehen! Mir wurde vor Glück ganz schwindelig. „Sie sehen, lieber Spitalmeister, ich habe nicht zu viel versprochen. Und nun geben sie mir das Geld, ich muss weiter!" Ich konnte mein Glück nicht fassen, noch lange nach der Abreise des Doktors stand ich im Krankensaal. Es war ein furchtbares Durcheinander von Decken, Kleidungsstücken, Schuhen, aber alle Betten waren leer!

Der Höhepunkt des Geschehens gibt die Situation lebendig wieder, die durch die Androhung von Eulenspiegel entstanden ist. Verwende hier zum Beispiel ausdrucksstarke Verben wie „humpeln, kriechen, rempeln, stolpern" usw.

Doch drei Tage später traute ich meinen Augen nicht, ein langer Zug von Kranken, die humpelten und getragen werden mussten, näherte sich meinem Spital. Ich ahnte Böses. Und tatsächlich, bald waren wieder alle Betten belegt. Kein Kranker fehlte!

Ich fragte den letzten, der sich seinem Bett näherte, was geschehen sei! Überrascht sah dieser mich an: „Sie wissen es nicht!“ Und dann erfuhr ich den ganzen Betrug: „Der Doktor hat uns erklärt, dass derjenige, der als letzter aus der Tür hinauskäme, zu Pulver verbrannt würde. Mit diesem Pulver sollten alle anderen geheilt werden!“

Da wusste ich, wer dieser verwünschte Doktor war: Eulenspiegel! Ich hätte wissen müssen, dass es keine Wunder gibt. Noch heute denke ich voller Wut über die eigene Dummheit und Verbitterung über den finanziellen Verlust an diesen Streich von Eulenspiegel.

Der Schluss beendet die Geschichte, indem noch einmal die Gefühle des Spitalmeisters dargestellt werden.

25 Minuten

SELBSTBEWERTUNGSBOGEN: NACHERZÄHLEN AUS VERÄNDERTER PERSPEKTIVE

Folgende Bewertungspunkte solltest du erfüllen: Du hast …	Höchstpunktzahl		Deiner Meinung nach erreichte Punktzahl
in Aufgabe 1 die Erzählung sinnvoll in Erzählschritte gegliedert.	6	**6**	
in Aufgabe 2 die Gefühle und Gedanken des Spitalmeisters gut erfasst.	10	**10**	
dich in Aufgabe 3 in die erzählende Person hineinversetzt und aus ihrer Sicht erzählt.	6	**6**	
die Erzählperspektive (Ich-Erzählung) beibehalten.	4	**4**	
die äußere Handlung (die Abfolge der Ereignisse) in der richtigen Reihenfolge wiedergegeben.	5	**5**	
die innere Handlung (Gedanken und Gefühle) sprachlich dargestellt.	5	**5**	
die einzelnen Ereignisse so dargestellt, dass der Leser sie mit Interesse liest.	7	**7**	
den Höhepunkt spannend gestaltet.	7	**7**	
einen passenden Schluss gefunden.	4	**4**	
deine Erzählung lebendig und anschaulich gestaltet durch • den Einsatz wörtlicher Rede, • die Wahl passender und treffender Wörter.	 6 6	**12**	
Zwischensumme für die inhaltliche Darstellung		**66**	

Bei der sprachlichen Darstellung hast du • die Satzanfänge abwechslungsreich gestaltet, • Haupt- und Nebensätze verwendet, • die Regeln der Rechtschreibung beachtet, • die richtige Zeichensetzung bei wörtlicher Rede beachtet, • in der Vergangenheitsform (Präteritum) erzählt.	3 3 2 2 4	**14**	
Summe insgesamt		**80**	

MEIN ERGEBNIS

Punkte	80–75	74–69	68–63	62–57	56–51	50–45	44–38	37–31	30–24	23–17	16–0
Note	1	1,5	2	2,5	3	3,5	4	4,5	5	5,5	6

Über ein Ereignis berichten

03

LÖSUNGEN

KA Seite 14

VORARBEITEN

ZU AUFGABE 1

1) Lies den Text aufmerksam durch und unterstreiche wichtige Informationen, die auf die W-Fragen antworten.
2) Markiere zugleich die Aussagen, die für den Bericht unwichtig sind (z. B. „trat wie verrückt"), und die Wörter, die eher in eine Erzählung gehören.

ZU AUFGABE 2

1) Beachte, dass dein Bericht in der Vergangenheitsform geschrieben werden muss.
2) Mache dir klar, dass im Bericht eine sachliche Sprache verwendet wird. Alle Mittel, mit denen du beispielsweise in einer Erzählung Spannung erzeugst, sind zu vermeiden.
3) Überlege dir, welche Aufgabe das Interview mit der Schülerin Jana B. hat und welche sprachliche Form das Interview haben sollte.
4) Finde eine passende Überschrift zu dem Bericht.
5) Erstelle einen Schreibplan für deinen Text.

DER SCHREIBPLAN

In einem Zeitungsbericht müssen die folgenden 7 W-Fragen beantwortet werden:

- **Wer** wurde betroffen, wer war daran beteiligt?
- **Was** ist passiert? (Art des Geschehens)
- **Wann** hat sich das Geschehen ereignet? (Tag und Uhrzeit)
- **Wo** hat das Ereignis stattgefunden?
- **Wie** passierte das Ereignis?
- **Warum** hat sich der Vorfall ereignet?
- **Welche** Folgen hatte das Ereignis?

Einleitung:
Einleitungssatz, der die wichtigsten W-Fragen (Wer?, Was?, Wann?, Wo?) beantwortet.

Hauptteil:
Stelle dar, in welcher Reihenfolge das Geschehen abgelaufen ist. Reichere die Antworten auf die W-Fragen mit vertiefenden Informationen aus dem Text an.

Interview:
Übertrage die Aussagen des Mädchens in einen kurze Erzählung, beachte dabei, dass du hier vom sachlichen Berichtstil abweichen darfst.

Schluss:
Im Schlussteil kannst du über die unmittelbaren Folgen des Ereignisses Auskunft geben.

🕔 10 Minuten

LÖSUNG ZU AUFGABE 1

W-Fragen beantworten

Wer?	Busfahrer (54 Jahre alt); Schülerin (10 Jahre alt)
Was?	Schülerin bremste einen führerlosen Bus und verhinderte Unfall.
Wo?	In W., Kreuzung Friedrichstraße/Lessingstraße
Wann?	Montag, 23. Juni gegen 13.00 Uhr
Wie?	Schülerin trat auf die Bremse.
Warum?	Busfahrer wurde während der Fahrt ohnmächtig.
Welche Folgen?	Es wurde ein schlimmes Unglück verhindert.

TIPP
Mit der Beantwortung der W-Fragen hast du schon die wesentlichen Punkte für den Zeitungsbericht zusammen.
Nun musst du überlegen, wie du einen Einleitungssatz formulierst, mit dem du möglichst alle W-Fragen knapp beantwortest.

🕔 10 Minuten

LÖSUNG ZU AUFGABE 2

AUFSATZ

10-jährige Schülerin verhinderte ein schweres Busunglück (1)

23.6.2008 Eine 10-jährige Schülerin stoppte am Montag gegen 13.00 Uhr in W. einen vollbesetzten Linienbus, nachdem der Fahrer ohnmächtig geworden war. (2)

Der 10-jährigen Schülerin Jana B. des „Büchner-Gymnasiums" gelang es durch ihre Geistesgegenwart einen schweren Unfall zu verhindern. Sie bemerkte kurz nach ihrem Einsteigen in den Bus, dass der 54-jährige Fahrer des Linienbusses 18 ohnmächtig vom Sitz rutschte, und setzte sich ohne lange Überlegung auf den Fahrersitz. Mit aller Kraft bremste sie daraufhin den Bus. Es gelang ihr, das Fahrzeug rechtzeitig etwa 40 Meter vor der roten Ampel an der Kreuzung Friedrichstraße/Lessingstraße zum Halten zu bringen. Bei dem Bremsvorgang verletzten sich drei Personen leicht. Der Busfahrer ist nach seinem Ohnmachtsanfall wieder wohlauf. (3) Im Interview (4) nach dem Unfall erzählte die Schülerin: „Ich merkte, dass der Bus nicht vor der roten Ampel abbremste, sondern weiterfuhr, in diesem Augenblick sah ich, wie der Fahrer vom Sitz rutschte. Mit einem Sprung war ich auf dem Fahrersitz, trat wie wild auf die Bremse und tatsächlich konnte ich den Bus zum Stehen bringen. Ich schaue nämlich immer zu, wie die Busfahrer Bremsen, Gas und Kupplung bedienen und wusste daher, wie man bremsen muss."

Die Polizei lobte das umsichtige Verhalten der Schülerin, die durch ihr mutiges Eingreifen ein schweres Busunglück verhindert hat. (5)

25 Minuten

(1) Die Überschrift dient zur ersten Information, zugleich soll sie Interesse wecken.

(2) Der Einleitungssatz des Berichts sollte alles Wesentliche enthalten.

Der Hauptteil gliedert sich in:
(3) Einzelheiten des Vorfalls, die W-Fragen werden also weiter ausgeführt.
(4) ein kurzes Interview mit der Schülerin.

(5) Der Schluss sollte nochmal auf die Besonderheit des Ereignisses eingehen und die unmittelbaren Folgen nennen.

SELBSTBEWERTUNGSBOGEN: ÜBER EIN EREIGNIS BERICHTEN

Folgende Bewertungspunkte solltest du erfüllen. Du hast …	Höchstpunkt-zahl		Deiner Meinung nach erreichte Punktzahl
die wichtigsten 7 W-Fragen eines Berichts korrekt in Stichworten beantwortet.	je 1 Punkt	**7**	
jede W-Frage sinnvoll in deinen Bericht eingearbeitet.	je 3 Punkte	**21**	
im Hauptteil deines Berichts die Abfolge der Ereignisse zeitlich richtig geordnet dargestellt.	8	**8**	
deinen Bericht in Sachstil geschrieben, ohne auf Wörter zurückzugreifen, die Spannung erzeugen (z. B. plötzlich, in diesem Moment) oder Aufmerksamkeit erregen (z. B. da krachte es auch schon).	4	**4**	
die Aussage von Jana B. in ein Interview umgeformt. Dabei hast du versucht, die Darstellung spannend zu gestalten, weil hier das Mädchen, die Heldin, zu Wort kommt. Damit bist du sinnvoll von der zuvor geforderten Berichtform abgewichen.	4 6	**10**	
deinen Bericht mit einem Einleitungssatz begonnen, in dem bereits das Wesentliche des Vorfalls steht.	5	**5**	
einen Schluss gefunden, der den Bericht sinnvoll beendet.	5	**5**	
den Bericht in der Vergangenheitsform geschrieben.	5	**5**	
Zwischensumme für die inhaltliche Darstellung		**65**	
Bei der sprachlichen Darstellung hast du: • auf vollständige Sätze und wechselnde Satzmuster geachtet, • Wortwahl und Ausdruck treffend und abwechslungsreich gestaltet, • die Regeln der Rechtschreibung beachtet, • auf richtige Zeichensetzung bei wörtlicher Rede, • und auf korrekte Grammatik geachtet.	3 3 3 3 3	**15**	
Summe insgesamt		**80**	

MEIN ERGEBNIS

Punkte	80–75	74–69	68–63	62–57	56–51	50–45	44–38	37–31	30–24	23–17	16–0
Note	1	1,5	2	2,5	3	3,5	4	4,5	5	5,5	6

Einen Bericht aufgrund von Sachinformationen schreiben

04

LÖSUNGEN

KA Seite 16

VORARBEITEN

1) Lies dir zunächst alle Stichwörter aufmerksam durch, damit du einen ersten Eindruck von dem Geschehen bekommst, über das du berichten sollst.
2) Ordne die Stichwörter nach den W-Fragen am Rand des Textes; wenn mehrere Stichwörter zu einem Fragewort passen, versuche sie schon hier sprachlich miteinander zu verbinden.
3) Streiche die Stichwörter, die du bereits zugeordnet hast, im vorgegebenen Text durch, damit du auf einen Blick siehst, welche noch nicht zugeordnet sind.

TIPP
Formuliere dabei die Ergänzungen und Verbindungen der Stichwörter möglichst knapp, klar und genau.

DER SCHREIBPLAN

Titel = Schlagzeile:
- Was ist passiert?

Einleitung:
- Die wichtigsten W-Fragen beantworten:
  Wer?, Wann?, Wo?, Wie?

Hauptteil:
- Welche Folgen hat das Unglück?
- Welche Maßnahmen wurden ergriffen?
- Welche Folgen reichen bis in die Gegenwart hinein?

Schluss:
- Mögliche Ursache des Unglücks

10 Minuten

TIPP
Richte dich bei der Reihenfolge dessen, worüber du berichtest, nach der Wichtigkeit der Information. Berichte über Vergangenes im Präteritum, über Gegenwärtiges im Präsens.

TIPP
Vermeide persönliche Meinungsäußerungen und Empfindungen.

LÖSUNG ZU AUFGABE 1a

Die Zuordnung der Stichwörter zu den Fragewörtern könnte etwa so aussehen:

WAS?	Katastrophe in der Nordsee: Eine Bohrinsel ist gesunken.
WER?	die Bohrinsel „Alexander Kielland" mit 230 Menschen an Bord.
WANN?	am späten Sonntagabend
WO?	vor der norwegischen Küste
WIE?	bei starkem Sturm mit orkanartigen Windstärken
mit welchen FOLGEN ?	• die bisher schlimmste Katastrophe in der Geschichte der Erdölgewinnung; mehr als 40 Schiffe, Hubschrauber und Flugzeuge suchten die Unglücksstelle während der Nacht trotz Sturm und Nebel ab; • von den 230 Menschen an Bord sind bisher 149 lebend geborgen worden; mindestens 28 Todesopfer sind zu beklagen; • 53 Personen gelten noch als vermisst; • haushohe Wellen erschweren die Suche; • die Rettungsmannschaften hoffen noch immer; • Froschmänner erhalten keine Lebenszeichen aus dem Inneren der Wohnplattform
WARUM?	Materialermüdung als Ursache nicht auszuschließen bei den Stützpfeilern der 15 Jahre alten Bohrinsel

15 Minuten

AUFSATZ

Katastrophe in der Nordsee (1)

Bohrinsel „Alexander Kielland" gesunken (2)

Am späten Sonntagabend ist vor der norwegischen Küste bei starkem Sturm mit orkanartigen Windstärken die Bohrinsel „Alexander Kielland" gesunken. (3)

Nachdem die bisher schlimmste Katastrophe in der Geschichte der Erdölgewinnung bekannt geworden war, suchten mehr als 40 Schiffe, Hubschrauber und Flugzeuge noch während der Nacht trotz Sturm und Nebel die Unglücksstelle nach Überlebenden ab. Von den 230 Menschen an Bord konnten bisher 149 Menschen lebend geborgen werden, mindestens 28 Todesopfer sind zu beklagen, 53 Personen werden noch vermisst. (4)

Obwohl haushohe Wellen die Suche erheblich erschweren, wird weiter nach den Vermissten gesucht. Die Rettungsmannschaften hoffen noch immer, Überlebende bergen zu können. Froschmänner, die das Wrack der Bohrinsel absuchen, erhalten auch weiterhin kein Lebenszeichen aus dem Inneren der Wohnplattform (5). Als Ursache dieser Katastrophe in der Nordsee ist Materialermüdung bei den Stützpfeilern der 15 Jahre alten Bohrinsel nicht auszuschließen (6).

🕓 20 Minuten

(1) Der Titel weckt das Interesse des Lesers.
(2) der Untertitel benennt das zentrale Ereignis.

(3) Die wichtigsten W-Fragen (Wann?, Wo?, Wie?, Wer?) leiten den Bericht ein.

(4) Genau und sachlich wird davon berichtet, was in der Folge des Unglücks an Rettungsmaßnahmen ergriffen wurde und welchen Erfolg diese bisher hatten (unmittelbare Folgen).

(5) Da die Rettungsaktionen noch andauern, wird hier im Präsens berichtet (Folgen bis in die Gegenwart).

SELBSTBEWERTUNGSBOGEN: EINEN BERICHT AUFGRUND VON SACHINFORMATIONEN SCHREIBEN

Folgende Bewertungspunkte solltest du erfüllen: Du hast …	Höchstpunktzahl		Deiner Meinung nach erreichte Punktzahl
alle Stichwörter verwendet.	10	**10**	
die Stichwörter: • den W-Fragen zutreffend zugeordnet, • inhaltlich passend ergänzt, • zu einem zusammenhängenden, in Sachsprache verfassten Bericht verbunden.	 6 8 14	**28**	
einen Titel gewählt, der die Neugier des Lesers weckt.	2	**2**	
in einer Unterzeile das zentrale Ereignis genannt.	2	**2**	
in der Einleitung einen Überblick über die wichtigsten W-Fragen gegeben.	4	**4**	
im Hauptteil • die Reihenfolge deines Berichts nach der Wichtigkeit der Information gerichtet, • die Zeitstufen der Ereignisfolge richtig angepasst: im Präteritum über das vergangene Geschehen, im Präsens über das gegenwärtige Geschehen berichtet.	 10 8	**18**	
im Schlussteil die mögliche Ursache für die Katastrophe genannt.	4	**4**	
Zwischensumme für die inhaltliche Darstellung		**68**	
Bei der **sprachlichen Darstellung** hast du • auf vollständige Sätze und wechselnde Satzmuster geachtet, • die Sätze deines Berichts sprachlich geschickt verbunden, • auf die Regeln der Rechtschreibung, • die richtige Zeichensetzung, • und korrekte Grammatik geachtet.	 3 3 2 2 2	**12**	
Summe insgesamt		**80**	

MEIN ERGEBNIS

Punkte	80–75	74–69	68–63	62–57	56–51	50–45	44–38	37–31	30–24	23–17	16–0
Note	1	1,5	2	2,5	3	3,5	4	4,5	5	5,5	6

Ein Tier beschreiben

05

LÖSUNGEN

KA Seite 18

VORARBEITEN

1) Bevor du anfängst, rufe dir nochmals die Regeln für das Schreiben eines privaten Briefs in Erinnerung:

   - ein formal richtiger Briefkopf: passende Anrede, Ort, Datum,
   - ein Einleitungssatz, der direkt das anspricht, worum es dir in dem Brief geht; nicht mit „ich" beginnen und auch nicht mit einer Floskel, wie etwa: „Mir geht es gut, wie geht es dir?"
   - den Adressaten, hier deine Oma, bei der Beschreibung einige Male direkt ansprechen,
   - sich auf den Schreibanlass, die Beschreibung „Struppis", beschränken,
   - Floskeln am Briefschluss vermeiden, wie z. B.: „Jetzt muss ich aber Schluss machen."

2) Lege dir auf einem Notizzettel stichwortartig eine Stoffsammlung mit Einzelheiten zu folgenden Punkten an:

   - Schau dir die Abbildung des Dackels genau an und notiere, was dir zuerst auffällt, was für das Aussehen dieses Tieres typisch ist und was du daran besonders niedlich findest.
   - Ordne deine Beobachtungen vom Auffälligsten zum weniger Auffälligen, von den allgemeinen Merkmalen eines Dackels zu den besonderen Merkmalen deines Hundes.
   - Überlege dir, welche typischen Verhaltensweisen eines Hundes du kennst. Notiere möglichst genau, was dir dabei besonders gefällt.
   - Markiere das, was du vom Lexikoneintrag übernehmen willst.

🕓 **10 Minuten**

DER SCHREIBPLAN

Einleitung:
Zuerst eine passende Anrede finden und die formale Briefform beachten: Liebe Oma; Ort und Datum
Einleitungssatz formulieren, der den Schreibanlass anspricht: direkte Anrede; Glücksgefühl und Stolz über den heranwachsenden Hund

Hauptteil:
Eine genaue Beschreibung nach dem vorgegebenen Bild anfertigen.
Neben den äußeren Merkmalen des Rauhaardackels sein typisches Verhalten ansprechen, dabei deutlich machen, was das Tier dir bedeutet.
Die äußeren Merkmale und typischen Verhaltensweisen in eine geeignete, zusammenhängende Reihenfolge bringen (nicht einfach nur aufzählen); zum Beispiel:

- Farbe des Fells: am Körper, den Füßen und am Kopf
- Schnüffeln beim Spaziergang: Schnauze, Nase
- Sein Hundeblick: Augen; Wirkung
- Schlappohren aufstellen; Kopf leicht geneigt
- Lieblingsnahrung und Lieblingsspiel
- Jagd auf seinen Schwanz

Schluss:
Was mir der Hund bedeutet
Dank für das Geschenk
Gruß-/Schlussformel

🕓 **10 Minuten**

TIPP

Vermeide bei der Beschreibung des Äußeren möglichst die Hilfsverben „sein“ und „haben“ sowie das Verb „besitzen“.
Verwende bei der Beschreibung möglichst treffende Adjektive (z. B. struppig, länglich, treuherzig, pechschwarz …).

Liebe Oma, Stuttgart, 05.01.2011

du kannst dir nicht vorstellen, wie glücklich ich mit „Struppi" bin! In nur wenigen Monaten hat er sich zu einem prächtigen, gut aussehenden Rüden entwickelt. (1)
Sein struppiges Fell macht seinem Namen alle Ehre. Es nimmt ganz unterschiedliche Farben an. Der für Dackel typische, lang gestreckte Körper schimmert dunkelbraun bis schwarz. Wenn man sich die vier kurzen, stämmigen Beine ansieht, scheint es so, als habe „Struppi" hellbraune Socken an. Auch unter seiner spitz zulaufenden Schnauze und unter seinem Hals ist das Fell hellbraun und man hat den Eindruck, dass er einen Kinnbart hat, so sehr stehen ihm die Fellhaare unter der Schnauze ab. (2) Mit seiner pechschwarzen, immer etwas feuchten Nase schnüffelt „Struppi" überall herum, insbesondere dann, wenn wir Gassi gehen. Da bleibt er fast an jedem Grasbüschel stehen, schnuppert hier, schnuppert da, und setzt seine Duftmarke, indem er eines seiner kräftigen Hinterbeine hebt. (3) Wenn mir das Rumschnüffeln zu lange dauert, versuche ich schon einmal, ihn mit der Leine, die er überhaupt nicht mag, fortzuziehen. Dann schaut er mich mit seinen dunkelbraunen Augen und dem treuen Hundeblick so traurig an, dass ich, wie immer bei diesem Blick, nachgebe und ihn weiter schnüffeln lasse. (4) Oft stellt er dabei auch seine langen, dunkelbraunen Schlappohren etwas an, was sehr putzig aussieht, neigt den Kopf leicht, als wolle er sagen: „Das meinst du doch nicht im Ernst!" Du kannst dir nicht vorstellen, liebe Oma, wie herzzerreißend er um etwas bitten kann. Da wird selbst Papa weich. Am liebsten mag „Struppi" Hühnerfleisch und Tennisbälle, denen er auf unseren langen Spaziergängen unermüdlich hinterherjagt. Wenn er sich an einem Ort wohlfühlt, wälzt er sich herum oder jagt seinem eigenen, fast schwarzen Schwanz hinterher, was sehr lustig aussieht. (5)
Du hast es sicher schon an meiner Beschreibung gemerkt, wie gerne ich „Struppi" habe. Ich würde ihn um nichts in der Welt wieder hergeben und danke dir noch einmal dafür, dass du meinen Herzenswunsch erfüllt hast. (6)

Liebe Grüße und einen dicken Kuss

Von deinem (deiner)

....

⏲ **25 Minuten**

(1) Briefkopf mit Anrede und Datum gestalten. Am Briefanfang keine Floskeln verwenden, möglichst gleich die Hauptsache ansprechen.

(2) Die Beschreibung geht vom Auffälligsten aus: Hier ist es die unterschiedliche Farbe des Fells. Davon ausgehend kannst du auch andere Merkmale zeigen.

(3) Die einzelnen Merkmale mit passenden Attributen und/oder adverbialen Bestimmungen veranschaulichen. Statt: Mit seiner Nase – Mit seiner *pechschwarzen, immer etwas feuchten* Nase ...; statt: eines seiner Hinterbeine – eines seiner *kräftigen* Hinterbeine; usw.

(4) Die Hilfsverben „sein" und „haben" nicht als Vollverben gebrauchen; auch „besitzen" vermeiden. Statt: Sein Fell ist schwarzbraun – sein Fell schimmert schwarzbraun; statt: Er hat/besitzt braune Augen – Er schaut mich mit seinen braunen Augen an; usw.

(5) Bei einer Tierbeschreibung musst du auch besondere Verhaltensweisen und/oder Vorlieben des Tieres nennen und deutlich machen, was das Tier dir bedeutet.

SELBSTBEWERTUNGSBOGEN: EIN TIER BESCHREIBEN

Folgende Bewertungspunkte solltest du erfüllen: Du hast …	Höchstpunktzahl		Deiner Meinung nach erreichte Punktzahl
den Brief in einem zusammenhängenden Text verfasst.	5	**5**	
Anrede und Datumsangabe eingefügt.	2	**2**	
in einem Einleitungssatz den Schreibanlass angesprochen und zur Beschreibung übergeleitet.	4	**4**	
mit deiner Beschreibung			
• ein klares und verständliches Bild des Rauhaardackels entworfen,	10		
• seine wichtigsten äußeren Merkmale genannt,	8		
• die typischen Verhaltensweisen angeführt,	8		
• deutlich gemacht, was das Tier dir bedeutet,	8		
• die Merkmale und Verhaltensweisen in einer sinnvolle Reihenfolge wiedergegeben,	8		
• im Einzelnen treffende Ausdrücke gefunden.	6	**46**	
einen Schluss gestaltet, der den Brief/Text zur Einleitung passend abrundet.	5	**5**	
einen passenden Gruß eingefügt und den Brief unterschrieben.	2	**2**	
Zwischensumme für die inhaltliche Darstellung		**64**	
Bei der sprachlichen Darstellung hast du			
• in vollständigen Sätzen geschrieben,	2		
• umgangssprachliche Wendungen und überflüssige Floskeln vermieden,	2		
• darauf geachtet, dass der Satzbau abwechslungsreich ist,	3		
• treffende Verben und Adjektive verwendet,	3		
• die Regeln der Rechtschreibung und Zeichensetzung beachtet,	2		
• auf korrekte Grammatik und	2		
• das Präsens als die richtige Zeitstufe geachtet.	2	**16**	
Summe insgesamt		**80**	

MEIN ERGEBNIS

Punkte	80–75	74–69	68–63	62–57	56–51	50–45	44–38	37–31	30–24	23–17	16–0
Note	1	1,5	2	2,5	3	3,5	4	4,5	5	5,5	6

Den Erzählschluss einer Fabel ausgestalten, Grammatikkenntnisse überprüfen

06

LÖSUNGEN

KA Seite 20

LÖSUNG ZU AUFGABE 1

Bestimmter und unbestimmter Artikel

Ein[1] Igel hatte gehört, dass **der**[2] Winter bald kommen werde. Da suchte er nach **einem**[1] brauchbaren Unterschlupf, wo er vor **der**[2] Kälte geschützt war. So kam er vor **die**[3] Höhle der Schlange und bat sie, ihm diese Nacht Unterschlupf zu gewähren. **Die**[4] Schlange sagte:

1) Wenn etwas Unbekanntes oder Neues eingeführt wird, verwendet man den **unbestimmten** Artikel.
(2) Wenn etwas Verallgemeinerndes genannt wird, setzt man den **bestimmten** Artikel.
(3+4) Der bestimmte Artikel wird verwendet, wenn das Nomen eindeutig bestimmt ist. Hier handelt es sich nicht um irgendeine Höhle, sondern um die Höhle der Schlange.

Bewertung:
6 Punkte

LÖSUNG ZU AUFGABE 2

Personal- und Tempusformen bestimmen

„Wir beide haben (**1. Person Plural – Präsens**) nicht genug Platz in der Höhle. Ich komme (**1. Person Singular – Präsens**) ja selbst kaum zurecht."
Der Igel aber erwiderte (**3. Person Singular – Präteritum**) : „Ich setze (**1. Person Singular – Präsens**) mich bescheiden in einen Winkel und werde dich nicht stören (**1. Person Singular – Futur I**)."
Darauf ließ (**3. Person Singular – Präteritum**) die Schlange den Igel in die Höhle. Doch dieser streckte sofort seine Stacheln nach allen Seiten aus, legte sich in die Mitte des Raumes und drehte sich behaglich hin und her.

Wir unterscheiden jeweils drei Personen: 1. Person (= sprechende Person), 2. Person (= angesprochene Person) und 3. Person (Person oder Sache, über die gesprochen wird). Hinzu kommen zwei Numeri (Singular und Plural).

Bewertung:
12 Punkte, je 1 Punkt für die richtige Personalform und je 1 Punkt für die richtige Tempusform

LÖSUNG ZU AUFGABE 3

Den Schluss einer Fabel schreiben

Nachdem die Schlange sich mehrfach an den starken Stacheln des Igels gestochen hatte, bat sie diesen: „Rück doch ein wenig beiseite, damit ich mich nicht verletze." Doch der Igel spreizte seine Stacheln noch mehr und sagte: „Sei doch nicht so empfindlich. Wenn du nicht so nah rückst, passiert dir auch nichts." Ärgerlich musste die Schlange erkennen, dass sie einen ausgesprochen ungemütlichen und boshaften Gast in ihre Höhle eingelassen hatte.
Zornig schlängelte sie sich aus der Höhle heraus und suchte sich eine neue Felsspalte.
Moral: Ein böser Gast vertreibt den Wirt.

TIPP

Beachte hier, dass du den Dialog zwischen Schlange und Igel wieder aufnimmst. Die Moral der Fabel steht am Schluss

Bewertung:
Du hast den Streit richtig erfasst und eine Fortsetzung formuliert: **8 Punkte**
Du hast einen zutreffenden Schluss gefunden: **6 Punkte**
Du hast wörtliche Rede verwendet: **6 Punkte**
Du hast in der Vergangenheitsform erzählt: **4 Punkte**
Gesamt: 24 Punkte

LÖSUNG ZU AUFGABE 4

Bestimmter und unbestimmter Artikel
Kasus, Numerus und Genus von Satzgliedern bestimmen.

Die undankbare Schlange

Früher, als die Bauern[1] noch nicht so hinterlistig waren wie heute, fand einer eine Schlange[2] an einem Weg[3]. Sie war ganz steif und fast erfroren. Mitleidig hob er das Tier[4] auf und steckte es in seine Jacke. Als die Schlange die Wärme[5] fühlte, kam sie wieder zu sich und vergiftete ihren Wohltäter mit einem tödlichen Biss[6], so dass er starb.

TIPP

Du unterscheidest drei **grammatische Geschlechter** (Genus = Geschlecht).
Die vier Fälle (Fall = Kasus) lassen sich erfragen:
Wer oder Was? = Nominativ
Wessen = Genitiv
Wem? = Dativ
Wen oder Was? = Akkusativ

Bewertung:
6 Punkte, je richtige Teilaufgabe 1 Punkt

Richtige Form	Kasus	Numerus	Genus
1) die Bauern	Nominativ	Plural	Maskulinum
2) eine Schlange	Akkusativ	Singular	Femininum
3) an einem Weg	Dativ	Singular	Maskulinum
4) das Tier	Akkusativ	Singular	Neutrum
5) die Wärme	Akkusativ	Singular	Femininum
6) mit einem tödlichen Biss	Dativ	Singular	Maskulinum

LÖSUNG ZU AUFGABE 5

Bewertung:
12 Punkte, je richtige Teilaufgabe 2 Punkte

Steigerung von Adjektiven

Positiv	Komparativ	Superlativ
1) gut	besser/**besseren**	am besten
2/3) viel/**viele**	mehr	am meisten
4) groß	**größer**	am größten
5) schwer	schwerer	am schwersten
6) gewaltig	gewaltiger	am gewaltigsten/**gewaltigste**
7) hoch	höher	am höchsten/**höchste**

TIPP

Die Vergleichsformen sind:
Positiv = Grundstufe: Das Haus ist hoch.
Komparativ = Steigerungsstufe: Das Haus ist höher (als das Nachbarhaus).
Superlativ (höchste Stufe): Das Haus ist das höchste (von allen).

LÖSUNG ZU AUFGABE 6

Bewertung:
6 Punkte, je 2 Punkte für drei gefundene Adjektivarten; jede zusätzlich gefundene Art plus 2 Punkte

Adjektive, die sich nicht steigern lassen

a) Adjektive, die Farben bezeichnen (rot, grün, blau, usw.)

b) Adjektive, die Mengen ausdrücken (ganz, dreifach, halb)

c) Adjektive, die keinen Vergleich ausdrücken (mündlich, rund, verheiratet)

d) Zusammengesetzte Adjektive, die schon eine Steigerung enthalten (knallhart, todsicher, staubtrocken, usw.)

e) Adjektive, die bereits die höchste Steigerungsstufe darstellen (leer, kein, offen)

f) Adjektive mit der Endung -los (obdachlos, kinderlos, bewusstlos; *Achtung, hier gibt es Ausnahmen*).

MEIN ERGEBNIS

Punkte	66–62	61–56	55–51	50–45	44–40	39–34	33–29	28–23	22–18	17–13	12–0
Note	1	1,5	2	2,5	3	3,5	4	4,5	5	5,5	6

Einen Erzählkern ausgestalten

07

LÖSUNGEN

KA Seite 24

VORARBEITEN

1) Erstelle zuerst einen Schreibplan, in welchem du die wichtigsten Erzählschritte festhältst.
2) Markiere dann die Stelle, die du zum Höhepunkt deiner Erzählung machst und die du besonders anschaulich ausgestalten willst.

DER SCHREIBPLAN

Einleitung:
Der Ich-Erzähler, ein Bankangestellter, sitzt gelangweilt hinter seinem Schalter.

Hauptteil:
Erzählschritte hin zum Höhepunkt:
- Zwei Bankräuber stürmen in die Bank
- Sie bedrohen den Angestellten und fordern Geld
- Der Angestellte hat Angst und führt die Räuber zum Tresor

Höhepunkt:
- Dabei kommt ihm der Gedanke, dass die Räuber vielleicht gar keine Pistolen bei sich haben
- Er fordert, die Waffen zu sehen
- Die Räuber verweigern dies, werden aber immer nervöser
- Der Ich-Erzähler bleibt stur
- Da zeigen die Räuber einen Schraubenschlüssel vor

Erzählschritte hin zum Schluss:
- Der Bankangestellte jagt die Räuber aus der Bank

Schluss:
- Der Bankangestellte ist erleichtert und ruft die Polizei
- Diese kann die Räuber am folgenden Tag festnehmen.

10 Minuten

AUFSATZ

Der missglückte Banküberfall

Es war ein sonniger Mittwochvormittag, als Ich in der Bank hinter dem Schalter saß und Zeitung las, weil nichts los war. (1)
Ich las gerade einen Bericht über einen Banküberfall, als plötzlich zwei Männer hereinstürmten. (2) „Mein Gott, die haben ja Masken! Soll das vielleicht ein Banküberfall sein?", dachte ich und wollte losschreien. Da aber sagte der eine der Männer: „Keinen Ton, sonst schieße ich!" Das hatte er bedrohlich leise gesagt und dabei in seiner braunen Lederjacke etwas gehoben, das nach einem Revolver aussah. Ich bekam furchtbare Angst. Ich hatte das Gefühl als würde ich gleich in Ohnmacht fallen. Nein, das durfte nicht geschehen, dann würden die Räuber ja ungehindert den Tresor ausräumen! In diesem Augenblick sagte einer der Verbrecher: „Geld her, sonst passiert etwas! Mach schnell!" Ich machte mich auf den Weg zum Tresor, der Weg schien mir unendlich. Schweißtropfen standen auf meiner Stirn. Angestrengt dachte ich nach, was ich tun könnte (3). Dass ausgerechnet heute alle anderen Angestellten freigenommen hatten! Nur noch Frau Schmidt ist hier. Aber sie sitzt im Hinterzimmer und bekommt deshalb nichts mit. Da schrie einer der Räuber: „Na, wird's bald? So lange haben wir auch nicht Zeit!" Ich brauchte mir nichts vorzumachen, einen Banküberfall gab es fast jeden Tag irgendwo. Aber gerade deshalb wollte ich ihn verhindern. Wenn sie mich doch bloß nicht mit den Pistolen bedrohen würden!
Moment mal, was ist, wenn sie gar keine echten Pistolen haben? (4) Ich war gerade dabei, den Tresor zu öffnen, da drehte ich mich fest entschlossen um. Ich musste das Risiko eingehen. Als ich mich zu den Räubern umwandte, rief einer mit überschlagender Stimme: „Jetzt reichts aber! Begreifen Sie nicht? Wir wollen das Geld!" Da erkannte ich, dass die Bankräuber genauso aufgeregt waren wie ich. Jetzt musste ich es tun. Entschlossen sagte ich: „Ich gebe das Geld erst heraus, wenn Sie mir Ihre Revolver gezeigt haben." Die beiden wurden noch nervöser. „Nichts da, sofort das Geld, oder ich schieße!" „Zuerst die Pistolen!", das sagte ich schon unsicherer. Jetzt musste ich spielen. Ich hatte Angst, doch was blieb mir übrig? Plötzlich zog einer der Bankräuber einen Schraubenzieher aus der Manteltasche. Das war also der Revolver! Nun hatte ich keine Angst mehr und rief höhnisch: „So, jetzt rufe ich die Polizei! Ein Banküberfall mit einem Schraubenzieher. Also wirklich!" Die beiden waren nun in Panik und stürzten aus der Bank.
Die Bankräuber waren entwischt, aber mir war nichts passiert und das Geld hatten sie auch nicht. Ich rief die Polizei und erklärte, was vorgefallen war. (5) Am nächsten Tag las ich in der Zeitung, dass die Bankräuber aufgrund meiner Beschreibung gefasst worden waren.

(1) Ein kurzer Einleitungssatz zur Klärung der Ausgangssituation reicht aus.

(2) Im ersten Satz des Hauptteils bauen das Adverb „plötzlich" und das Verb „hereinstürmen" Spannung auf. Diese wird dann in mehreren Erzählschritten bis zum Höhepunkt gesteigert.

(3) Die Gefühle und Gedanken des Bankangestellten machen die Erzählung lebendig.

(4) Der Höhepunkt beginnt damit, dass der Ich-Erzähler umdenkt und am Vorhandensein der Pistolen zweifelt.

(5) Der Schluss rundet die Erzählung ab und gibt Auskunft über das Ende der Handlung.

35 Minuten

SELBSTBEWERTUNGSBOGEN: EINEN ERZÄHLKERN AUSGESTALTEN

Folgende Bewertungspunkte solltest du erfüllen: Du hast …	Höchstpunkt-zahl		Deiner Meinung nach erreichte Punktzahl
die Erzählung • in einem zusammenhängenden Text verfasst, • klar in Einleitung, Hauptteil und Schluss gegliedert.	6 je 2 Punkte	**12**	
durchgehend aus der Perspektive des Bankangestellten erzählt.	6	**6**	
im Hauptteil den Erzählkern mit logisch aufeinanderfolgenden Erzählschritten ausgestaltet.	12	**12**	
den Höhepunkt deiner Erzählung spannend gestaltet, indem du: • zügig auf den Höhepunkt zu erzählt hast, • das innere Geschehen, also die Gefühle und Gedanken des Bankangestellten, lebendig geschildert hast.	5 10	**15**	
die Erzählung lebendig gestaltet durch • wörtliche Rede, • spannende Aktionen, • passende und treffende Wortwahl zu den Ereignissen.	5 5 5	**15**	
der Erzählung einen passenden Titel gegeben.	4	**4**	
Zwischensumme für die inhaltliche Darstellung		**64**	

Bei der sprachlichen Darstellung hast du auf: • vollständige Sätze und abwechslungsreichen Satzbau, • treffende Verben und Adjektive, • die Regeln der Rechtschreibung, • richtige Zeichensetzung bei der wörtlichen Rede, • die passende Erzählzeit (Präteritum) geachtet.	 3 3 3 3 4	**16**	
Summe insgesamt		**80**	

MEIN ERGEBNIS

Punkte	80–75	74–69	68–63	62–57	56–51	50–45	44–38	37–31	30–24	23–17	16–0
Note	1	1,5	2	2,5	3	3,5	4	4,5	5	5,5	6

Einen Erzählanfang fortsetzen

08

LÖSUNGEN

KA Seite 25

VORARBEITEN

1) Erstelle zuerst einen Schreibplan, in welchem du die wichtigsten Erzählschritte festhältst.
2) Gliedere den Hauptteil deiner Erzählung in Erzählschritte, die sinnvoll zu einem Höhepunkt hinführen; knüpfe dabei an den Erzählanfang an.
3) Markiere dann die Stelle, an der du wörtliche Rede einsetzen willst, um deine Geschichte anschaulich zu machen.
4) Gib deiner Erzählung am Ende eine passende Überschrift; sie soll zum Lesen anregen, aber nicht zu viel vorwegnehmen.

DER SCHREIBPLAN

Einleitung:
Einleitung und erster Satz des Hauptteils = vorgegebener Erzählanfang

Hauptteil:
Erzählschritte hin zum Höhepunkt:
- Suche nach der Herkunft des Wimmerns im näheren Umkreis
- Genaue Suche mithilfe der Taschenlampe
- Erneutes Hören des Wimmerns, Ausschalten der Taschenlampe

TIPP
Hier wichtig: wörtliche Rede einsetzen!

Höhepunkt:
- Stolpern über einen Ast und
- Finden der Katze

Erzählschritte hin zum Schluss:
- Beruhigung der aufgeregten Eltern und Nachbarn
- Allgemeines Bestaunen der Katze

Schluss:
- Weitere Entwicklung der Handlung: Katze bleibt über Nacht im Zelt

10 Minuten

AUFSATZ

Eine schaurig schöne Nacht

…

Gott sei Dank hatte ich noch im Hinausgehen die Taschenlampe mitgenommen, denn es war bereits stockfinster. Da war es wieder! (1) Ganz deutlich hörte ich das Wimmern, es musste ganz aus der Nähe kommen. Ich ging dem Geräusch nach und stand plötzlich vor einem Busch, der unseren Zeltplatz von dem nebenan abtrennte. (2) Ich leuchtete mit meiner Taschenlampe vorsichtig ins Gebüsch, doch nichts war zu sehen. Ich ließ das Licht meiner Taschenlampe über den Boden kreisen, doch auch dabei konnte ich nichts erkennen, was das Wimmern erklären könnte. Ich schaltete die Taschenlampe aus – da hörte ich es wieder. Ganz nah! Was sollte ich bloß machen? Im Finstern konnte ich ja nichts sehen und doch schlich ich weiter, auf das Geräusch zu. Plötzlich (3) hing mein rechtes Bein fest, ich stürzte zu Boden, Angst überkam mich und ich schrie laut auf. Meine Taschenlampe hatte ich zum Glück noch in der Hand. Als ich sie noch im Liegen anschaltete, leuchteten mich zwei kleine grüne Punkte an. „Ihh, ist das gruslig“, (4) dachte ich noch, als sich meine Augen schon an das Licht gewöhnt hatten und ich vor mir ein kleines Kätzchen kauern sah. Da gingen auch schon ringsum Lichter an. „Thomas, bist du da draußen?“, hörte ich meine Mutter leise rufen. Ich ließ die Taschenlampe liegen, robbte auf allen Vieren auf das Kätzchen zu, das nun wieder miaute. Das war also das Wimmern, das ich gehört hatte! (5) Die kleine Katze ließ sich von mir auf den Arm nehmen, ich stand auf und rief meiner Mutter zu: „Mama, keine Angst, mir ist nichts passiert. Aber schau mal, was ich da habe!“ Papa und Annika waren aus dem Zelt geschlüpft und auch die Nachbarn standen schon in der Tür ihres Wohnwagens und alle kamen nun her und betrachteten die Katze, die sich unter dem Wohnwagen versteckt hatte.

Kurz entschlossen meinte meine Mutter (6): „Die Kleine hat sich sicher verirrt und fühlt sich jetzt allein. Wir nehmen sie heute Nacht mit ins Zelt, morgen kann sie dann ihre Familie suchen!“ So machten wir es, doch an Schlaf war in dieser Nacht kaum noch zu denken. Das Kätzchen machte es sich auf einer Decke in unserem Zelt bequem und wir kraulten sie abwechselnd.

(1) Auf das Geschehen, das die Handlung ausgelöst hat (das Wimmern), muss bald Bezug genommen werden.

(2) Das Geschehen wird spannender, die Erzählschritte führen auf den Höhepunkt hin. Nun kommt es auch darauf an, die innere Handlung (Gedanken, Gefühle, Ängste, Zweifel) auszudrücken.

(3) Das Signalwort „plötzlich“ zeigt an, dass nun auch die äußere Handlung in Bewegung kommt. Es geht auf den Höhepunkt zu!

(4) Der Höhepunkt beginnt. Die wörtliche Rede unterstreicht das

(5) Der Höhepunkt ist überschritten. Die Herkunft des „Wimmerns“ ist aufgeklärt, das Rätsel aus der Einleitung ist gelöst.

(6) Der Schluss rundet die Erzählung ab und zeigt, welche Lösung für das Problem aus dem Erzählanfang schließlich gefunden wird.

🕒 35 Minuten

SELBSTBEWERTUNGSBOGEN: EINEN ERZÄHLANFANG FORTSETZEN

Folgende Bewertungspunkte solltest du erfüllen: Du hast...	Höchstpunktzahl		Deiner Meinung nach erreichte Punktzahl
die Erzählung • in einem zusammenhängenden Text verfasst, • klar in Einleitung, Hauptteil und Schluss gegliedert.	6 je 2 Punkte	**12**	
die im Erzählanfang enthaltenen Angaben genau beachtet und bei der Fortsetzung deiner Geschichte daran angeknüpft.	4	**4**	
durchgehend aus der Ich-Perspektive erzählt.	6	**6**	
zwischen der inneren und äußeren Handlung unterschieden, indem du: • bei der äußeren Handlung den Erzählanfang in logischen Erzählschritten fortgeführt hast, • bei der inneren Handlung die Gedanken und Gefühle des Jungen/Mädchens ausgedrückt hast.	6 8	**14**	
zügig auf den Höhepunkt zu erzählt.	6	**6**	
einen passenden Schluss gefunden.	4	**4**	
deine Erzählung lebendig gestaltet durch • wörtliche Rede, • spannende Aktionen, • passende und treffende Wortwahl zu den Ereignissen.	5 5 5	**15**	
der Erzählung einen passenden Titel gegeben.	4	**4**	
Zwischensumme für die inhaltliche Darstellung		**65**	

Bei der sprachlichen Darstellung hast du auf • vollständige Sätze und abwechslungsreichen Satzbau, • treffende Verben und Adjektive, • die Regeln der Rechtschreibung, • richtige Zeichensetzung bei wörtlicher Rede, • korrekte Grammatik und die passende Erzählzeit (Präteritum) geachtet.	3 3 3 3 3	**15**	
Summe insgesamt		**80**	

MEIN ERGEBNIS

Punkte	80–75	74–69	68–63	62–57	56–51	50–45	44–38	37–31	30–24	23–17	16–0
Note	1	1,5	2	2,5	3	3,5	4	4,5	5	5,5	6

Einen Unfallbericht schreiben

09

LÖSUNGEN

KA Seite 26

VORARBEITEN

1. Stoffsammlung:

- **Wann** hat sich der Unfall ereignet?
  Am 28.11.2007, um 11.56 Uhr
- **Wo** hat er sich ereignet?
  In Moosburg, an der Kreuzung Poststraße/Bahnhofstraße
- **Wer** war an dem Unfall beteiligt?
  Der Fahrer des VW-Golf Augustin Huber (55) und der Motorradfahrer Dr. Josef Krätz (29)
- **Was** war genau passiert?
  Augustin Huber nahm mit seinem VW-Golf dem Motorradfahrer die Vorfahrt, dieser kam daraufhin ins Schleudern, stieß gegen die gegenüberliegende Bordsteinkante und beschädigte den dort parkenden Opel-Astra von Egon Bayer
- **Welche** Zeugen wurden gehört?
  Die Fußgänger Elvira Böhm (57) und Peter Pöttinger (83), die sich zufällig an der Kreuzung befanden.
- **Welche** Sach- und Personenschäden gab es?
  Verletzt wurde niemand. Es entstand nur leichter Sachschaden.

2. Der Schreibplan

Einleitung:
- Die wichtigsten Fakten: Was geschah wann und wo?
  Wer war beteiligt?

Hauptteil:
- Genauer Bericht des Unfallhergangs
- Hinweise auf die Unfallursache durch die Zeugenaussagen am Unfallort

Schluss:
- Die Unfallfolgen: Sachschäden

TIPP

Stütze dich bei dem Bericht auf die Informationen, die der Polizeimeister am Tatort und durch die Zeugenaussagen bekommt. Erfinde nichts hinzu, lasse nichts Wichtiges weg.

⏱ **20 Minuten**

AUFSATZ

Unfall mit Sachbeschädigung an der Kreuzung Poststraße/Bahnhofstraße

Am Freitag, den 28. November 2007, ereignete sich um 11.56 Uhr in Moosburg an der Kreuzung Poststraße/Bahnhofstraße ein Verkehrsunfall. Beteiligt waren Dr. Josef Krätz (29), Fahrer eines Motorrads, und Augustin Huber (55), Fahrer eines VW-Golf. (1)

Aus den Aussagen der Beteiligten und der Augenzeugen Elvira Böhm (57) und Peter Pöttinger (83) ergab sich folgender Unfallhergang (2):

Dr. Josef Krätz fuhr mit seinem Motorrad die Poststraße entlang, als Herr Huber, der sich in seinem PKW auf der abschüssigen Bahnhofstraße stadteinwärts bewegte, ihm an der Kreuzung die Vorfahrt nahm. Der Motorradfahrer konnte dem VW-Golf zwar noch ausweichen, er geriet jedoch dabei ins Schleudern und fuhr auf der gegenüberliegenden Seite der Poststraße mit dem Vorderrad seines Fahrzeugs an die Bordsteinkante und an den dort parkenden Opel-Astra von Egon Bayer (34).

Am Vorderrad des Motorrads sowie an Motorhaube und Stoßstange des geparkten PKW entstand leichter Sachschaden, verletzt wurde niemand (3).

(1) In der Einleitung werden alle wichtigen W-Fragen beantwortet: Was? Wer? Wo? Wann?

(2) Im Hauptteil wird der Unfallhergang – das „Wie?" – sachlich, kurz und knapp dargelegt. Dabei stützt du dich auf die Zeugenaussagen.

(3) Der Schluss informiert über die Folgen des Unfalls.

25 Minuten

SELBSTBEWERTUNGSBOGEN: EINEN UNFALLBERICHT SCHREIBEN

Folgende Bewertungspunkte solltest du erfüllen: Du hast ...	Höchstpunktzahl		Deiner Meinung nach erreichte Punktzahl
in einer Stoffsammlung alle wichtigen W-Fragen beantwortet, und den Bericht in einem zusammenhängenden Text verfasst.	6 6	**12**	
in der Einleitung einen Überblick über die wichtigsten W-Fragen gegeben.	6	**6**	
im Hauptteil • die Reihenfolge des Geschehens beachtet, • den Unfallhergang klar und übersichtlich dargestellt, • die vorgegebenen Informationen (Zeugenaussagen, Skizze) angemessen berücksichtigt.	8 8 10	**26**	
im Schluss Auskunft über die Folgen des Geschehens gegeben.	6	**6**	
den Bericht im Sachstil verfasst.	10	**10**	
Eine passende Überschrift gefunden, die das wiedergibt, worüber du berichtest.	4	**4**	
Zwischensumme für die inhaltliche Darstellung		**64**	
Bei der sprachlichen Darstellung hast du auf: • vollständige Sätze und abwechselnden Satzbau • treffende Verben und Adjektive • die Regeln der Rechtschreibung • richtige Zeichensetzung • korrekte Grammatik und • passende Berichtzeit (Präteritum) geachtet.	3 3 3 3 2 2	**16**	
Summe insgesamt		**80**	

MEIN ERGEBNIS

Punkte	80–75	74–69	68–63	62–57	56–51	50–45	44–38	37–31	30–24	23–17	16–0
Note	1	1,5	2	2,5	3	3,5	4	4,5	5	5,5	6

Einen Vorgang beschreiben

10

LÖSUNGEN

KA Seite 28

VORARBEITEN

1. Stoffsammlung

Inhalt der Spielepackung:

- ein Spielbrett
- 16 Spielfiguren, davon je vier in einer Farbe (rot, gelb, grün, schwarz)
- ein Würfel

2. Der Schreibplan

Einleitung:

- Ziel des Spiels
- Vorbereitung (Spielbrett, Verteilung der Figuren)

Hauptteil:

- Der Spielverlauf
- Beginn des Spiels: dreimal würfeln, um „rauszukommen"
- So viele Spielfelder laufen wie Augenzahl des Würfels anzeigt
- Möglichkeit, sich gegenseitig zu werfen
- Wenn die Figur eine Runde geschafft hat, versucht sie, ein Zielfeld zu erreichen

Schluss:

- Spielende, wenn ein Spieler alle Figuren auf den Zielfeldern in Sicherheit gebracht hat.

15 Minuten

TIPP

Du kannst für die sprachliche Darstellung die direkte Ansprache („Du würfelst"), die unpersönliche Form („man würfelt") oder den Imperativ („Würfle dann …") verwenden.

AUFSATZ

Das „Mensch-ärgere-dich-nicht"-Spiel

Ziel des Spiels (1):
Man muss versuchen, seine eigenen vier Spielfiguren auf die Zielfelder der gleichen Farbe zu setzen. Dabei sollte man vermeiden, von den gegnerischen Figuren aus dem Spiel geworfen zu werden. (2)

(1) Zwischenüberschriften sind nicht unbedingt erforderlich, aber wegen der besseren Übersichtlichkeit sinnvoll.
(2) Das Ziel des Spiels muss unbedingt am Anfang genannt werden, schließlich soll jeder wissen, worum es geht.

Vorbereitung:
Das Spielbrett wird auf den Tisch gelegt. Es hat zwei Seiten: Je nachdem, ob man zu viert oder zu sechst spielen möchte, wählt man die entsprechende Seite. Dann werden die Figuren einer Farbe auf die jeweils vier (oder sechs) Eckfelder verteilt. Die Farben der Felder und der Figuren müssen übereinstimmen. Nun wählt jeder Spieler eine Farbe.

Der Spielverlauf (3):
Auf dem Spielbrett sieht der Spieler außer den Eckfeldern seiner und der Farben der Mitspieler auch vier Startfelder mit dem Buchstaben „A". Die Zielfelder jeder Farbe sind mit Kleinbuchstaben von a bis d gekennzeichnet. Der erste Spieler darf am Anfang dreimal würfeln und versucht dabei eine Sechs zu bekommen. Schafft er es nicht, so ist der nächste Spieler im Uhrzeigersinn an der Reihe. Schafft er es, so darf er eine seiner Spielfiguren auf das Startfeld „A" stellen und nochmals würfeln. Jetzt zieht er so weit, wie es die Augenzahl auf dem Würfel anzeigt. (4) Bei einer Sechs kommt dabei aber keine neue Figur auf das Spielfeld, denn dieses ist ja noch besetzt. Nur wenn es bereits frei wäre, dürfte eine neue Figur auf das Startfeld gesetzt werden. So geht es reihum weiter. Bei einer Sechs ist man immer noch einmal an der Reihe. Die Spieler müssen versuchen, sich gegenseitig zu werfen. Das geschieht, wenn sie ein Spielfeld erreichen, auf dem eine fremde Figur sitzt. Die geworfene Figur muss dann auf das Eckfeld zurück und bei einer gewürfelten Sechs neu starten. Sobald eine Spielfigur das Spielfeld einmal umrundet hat, begibt sie sich auf eines der Zielfelder.

(3) Bei der Beschreibung des Spielverlaufs müssen die einzelnen Spielschritte und – soweit nötig – die Regeln erklärt werden, damit man das Spiel nachspielen kann.

(4) Verwende sachliche Sprache, nicht zu lange Sätze und Fachbegriffe (z. B. Startfeld, Augenzahl).

Spielende (5):
Der erste Spieler, dem es gelingt, alle vier Figuren auf seinen vier Zielfeldern in Sicherheit zu bringen, hat das Spiel gewonnen.

(5) Das Spielende muss klar herausarbeiten, wer gewonnen hat.

🕓 30 Minuten

SELBSTBEWERTUNGSBOGEN: EINEN VORGANG BESCHREIBEN

Folgende Bewertungspunkte solltest du erfüllen: Du hast …	Höchstpunktzahl		Deiner Meinung nach erreichte Punktzahl
einen klar gegliederten Schreibplan mit allen wichtigen Informationen erstellt, die Beschreibung in einem zusammenhängenden Text verfasst	5 5	**10**	
in der Einleitung das Ziel des Spiels genannt.	8	**8**	
im Hauptteil • die vorbereitenden Tätigkeiten genannt, • den Verlauf des Spiels genau beschrieben, • die wichtigsten Regeln benannt.	8 10 8	**26**	
im Schluss das Spielende beschrieben.	8	**8**	
die Spielbeschreibung im Sachstil verfasst.	10	**10**	
der Beschreibung eine passende Überschrift gegeben.	4	**4**	
Zwischensumme für die inhaltliche Darstellung		**66**	
Bei der **sprachlichen Darstellung** hast du auf: • vollständige Sätze und abwechslungsreichen Satzbau, • treffende Ausdrücke und Fachbegriffe, • die Regeln der Rechtschreibung, • richtige Zeichensetzung, • korrekte Grammatik und • das passende Tempus (Präsens) geachtet.	3 3 2 2 2 2	**14**	
Summe insgesamt		**80**	

MEIN ERGEBNIS

Punkte	80–75	74–69	68–63	62–57	56–51	50–45	44–38	37–31	30–24	23–17	16–0
Note	1	1,5	2	2,5	3	3,5	4	4,5	5	5,5	6

11
LÖSUNGEN

In einem sachlichen Brief informieren

KA Seite 29

VORARBEITEN

1. Stoffsammlung

- Wunsch: Faschingsparty der Klasse 6c in der Aula des Schulhauses
- Termin und Dauer: Freitag, 20.2.2009, 14.00 bis 18.00 Uhr
- Grund: Festigung der Klassengemeinschaft (neu zusammengestellte Klasse)
- Ablauf: Spiele spielen, Eltern bringen Faschingskrapfen und Getränke
- Frau Simon übernimmt die Aufsicht

2. Der Schreibplan

TIPP
Beachte, dass der Brief dreiteilig aufgebaut ist.

Einleitung:
- Grußformel, Anlass für das Schreiben

TIPP
Der Hauptteil enthält alle wichtigen Informationen. Er darf in mehrere Abschnitte gegliedert sein.

Hauptteil:
Beantwortung der Fragen:
- Wie soll das Fest ablaufen?
- Wer nimmt daran teil?
- Wer übernimmt die Aufsicht?
- Wer räumt am Schluss auf?

Schluss:
- Wunsch noch einmal hervorheben, ein Schulfest abhalten zu dürfen
- Verabschiedung, Grußformel

⏲ 10 Minuten

AUFSATZ

Thomas Aigner
Klasse 6c (1)

An den Schulleiter
des Eulenspiegel-Gymnasiums
Herrn Dr. Maurer (2)

Sehr geehrter Herr Dr. Maurer, (3)

als Klassensprecher der Klasse 6c wende ich mich heute mit einer besonderen Bitte an Sie. Die Klasse 6c möchte gern am Freitag, 20.2.2009 eine Faschingsparty im Schulhaus veranstalten. Ich möchte Sie herzlich bitten, diese zu genehmigen. (4)

Wie Sie wissen, wurde unsere Klasse in diesem Schuljahr neu zusammengestellt. (5) Wir kennen uns inzwischen alle und verstehen uns auch gut. Trotzdem gibt es noch einige Außenseiter. Unsere Klassenlehrerin, Frau Simon, meinte deshalb, es wäre gut, wenn wir als Klasse etwas gemeinsam unternehmen würden, dann könnten auch die Außenseiter leichter Anschluss finden. Deshalb sind wir nun auf die Idee gekommen, eine Faschingsparty zu feiern.

Die Party sollte nach Schulschluss um 14 Uhr beginnen und um 18 Uhr zu Ende sein. Wir würden Spiele vorbereiten, manche Eltern haben sich schon bereit erklärt, Krapfen zu spendieren und Apfelschorle zu bringen.

Die Party sollte in der Aula stattfinden, damit wir auch alle genug Platz haben. Frau Simon hat sich bereit erklärt, die Aufsicht zu übernehmen, damit nichts passiert. (6) Und die Tutoren, die uns im vergangenen Schuljahr betreut haben, würden auch kommen und mit uns feiern. Das haben sie uns schon gesagt.

Natürlich werden wir am Ende der Party allen Dreck wegräumen und die Aula wieder aufräumen. Die Eltern würden uns um 18 Uhr abholen.

Wir würden uns sehr freuen, wenn Sie unsere Faschingsparty genehmigen würden. (7)
Ich danke Ihnen schon im Voraus im Namen der Klasse 6c.

Mit freundlichen Grüßen
Thomas Aigner (8)

⏲ **35 Minuten**

(1) Der Absender erscheint immer oben rechts. Da es sich um einen Schüler der Schule handelt, genügt die Angabe der Klasse.
(2) Auch die Anschrift der Schule muss nicht angegeben werden, da das Schreiben direkt ausgehändigt oder ins Postfach gelegt wird.

(3) In der Anrede wird der Empfänger des Briefs namentlich und höflich angesprochen.
(4) In der Einleitung muss der Grund für das Schreiben klar benannt werden.

(5) Der Hauptteil macht deutlich, warum der Wunsch nach einer Faschingsparty geäußert wird.

(6) Aus dem Schreiben sollte auch hervorgehen, dass die Klasse schon über mögliche Schwierigkeiten nachgedacht und dafür eine Lösung gefunden hat.

(7) Der Schluss bekräftigt nochmals den Wunsch, die Party feiern zu dürfen

(8) Am Ende des Briefs sollte der Dank an den Schulleiter verbunden mit freundlichen Grüßen stehen.

SELBSTBEWERTUNGSBOGEN: NACHERZÄHLEN AUS VERÄNDERTER PERSPEKTIVE

Folgende Bewertungspunkte solltest du erfüllen: Du hast …	Höchstpunktzahl		Deiner Meinung nach erreichte Punktzahl
den Briefkopf richtig gestaltet.	2	**2**	
eine angemessene, passende Anrede gewählt.	4	**4**	
in der Einleitung • den Adressaten angesprochen und • dein Anliegen vorgebracht.	 4 4	 **8**	
im Hauptteil • dein Anliegen formuliert, • dein Anliegen schlüssig begründet, • deine Erwartungen dargelegt, • auf mögliche Schwierigkeiten hingewiesen, • erläutert, wie diese Schwierigkeiten gelöst werden könnten.	 8 8 6 6 6	**34**	
im Schluss • dein Anliegen noch einmal bekräftigt, • einen angemessenen Dank an deinen Briefpartner eingefügt.	 6 4	**10**	
die Grußformel am Ende treffend formuliert.	4	**4**	
die äußere Form des Briefs durch Unterteilung in einzelne Abschnitte sehr ordentlich gestaltet.	4	**4**	
Zwischensumme für die inhaltliche Darstellung		**66**	

bei der **sprachlichen Darstellung** hast du • deinen Briefpartner mit der höflichen Anrede „Sie“ angesprochen, • umgangssprachliche Wendungen vermieden, • darauf geachtet, dass der Satzbau abwechslungsreich ist, • auf die Regeln der Rechtschreibung, • die richtige Grammatik und Zeichensetzung geachtet, • im passenden Tempus (Präsens) geschrieben.	2 2 4 2 2 2	**14**	
Summe insgesamt		**80**	

MEIN ERGEBNIS

Punkte	80–75	74–69	68–63	62–57	56–51	50–45	44–38	37–31	30–24	23–17	16–0
Note	1	1,5	2	2,5	3	3,5	4	4,5	5	5,5	6

Einen Sachtext erschließen, grammatische Strukturen erkennen

12

LÖSUNGEN

KA Seite 30

TEIL 1: TEXTE LESEN UND VERSTEHEN

LÖSUNG ZU AUFGABE 2

Sinnabschnitte zusammenfassen

(1): Schliemann erwirbt als Munitionslieferant ein großes Vermögen.
(2): Um sich seinen Kindheitstraum zu erfüllen, ändert Schliemann sein Leben, er studiert und veröffentlicht ein wissenschaftliches Werk.
(3): In diesem Werk behauptet er zum Erstaunen der Öffentlichkeit, das antike Troja liege in der Nähe von Hisarlik.
(4): Die Wissenschaftler glauben Schliemann nicht.
(5): Schliemann findet historische Überreste.
(6): Schliemann gräbt den Schatz aus und wird berühmt.
(7): Ob Schliemann wirklich Troja gefunden hat, bleibt ungewiss, er hat aber eine versunkene Kultur entdeckt.

Bewertung:
7 Punkte,
je Sinnabschnitt 1 Punkt

LÖSUNG ZU AUFGABE 3

Textzusammenfassung

Heinrich Schliemann macht sich selbstständig und erwirbt als Munitionslieferant ein großes Vermögen. Um sich seinen Kindheitstraum zu erfüllen, ändert er sein Leben, studiert und veröffentlicht ein wissenschaftliches Werk, in dem er zum Erstaunen der Öffentlichkeit behauptet, er vermute das antike Troja nahe Hisarlik. Aber die Wissenschaftler glauben Schliemann nicht. Doch 1873 findet Schliemann bei Grabungen in Hisarlik historische Überreste. Als er weitergräbt, kann er einen gewaltigen Schatz bergen. Schliemann wird dadurch weltberühmt, ob er aber wirklich Troja gefunden oder eine andere versunkene Kultur entdeckt hat, bleibt ungewiss.

Bewertung:
7 Punkte

LÖSUNG ZU AUFGABE 4

Textaussagen erkennen

Bewertung:
1 Punkt

◯	Die Verfasserin findet Schliemann witzig.	◯	Die Verfasserin denkt, dass es Schliemann nicht gab.
◯	Die Verfasserin liebt Schliemann.	(X)	Die Verfasserin erkennt Schliemanns Leistung an.
◯	Die Verfasserin hält Schliemann für einen großen Wissenschaftler.	◯	Die Verfasserin hält Schliemann für einen Wichtigtuer.

LÖSUNG ZU AUFGABE 5

Schreibabsichten erkennen

Es handelt sich um einen Sachtext, der den interessierten Leser informieren will.

Bewertung:
2 Punkte

TEIL 2: GRAMMATISCHE STRUKTUREN ERKENNEN

LÖSUNG ZU AUFGABE 6

Wortarten bestimmen

Was immer <u>der</u> einstige <u>Pechvogel</u> von <u>nun</u> an anfasst, <u>verwandelt</u> sich in Gold.

a) **der:** Artikel
b) **Pechvogel:** Nomen (Substantiv)
c) **nun:** Adverb (der Zeit)
d) **verwandelt:** Verb
e) **sich:** Reflexivpronomen

Bewertung:
5 Punkte,
je richtige Teilaufgabe
1 Punkt

LÖSUNG ZU AUFGABE 7

Tempusformen bestimmen

a) Präteritum
a) Präsens

Bewertung:
2 Punkte

LÖSUNG ZU AUFGABE 8

In angegebene Tempusformen umformen

a) Er hat wenig Gewissensbisse gehabt.
b) Die Altertumsforscher werden nur über den Außenseiter lachen.
c) Er hatte nur ein Ziel vor Augen: möglichst schnell viel Geld zu verdienen.

Bewertung:
3 Punkte

LÖSUNG ZU AUFGABE 9

Satzglieder bestimmen

a)

Heinrich Schliemann	fand	in Kleinasien	die antike Stadt Troja.
Subjekt	**Prädikat**	**Adverbiale des Ortes**	**Akkusativobjekt**

b)

Vor langer Zeit	wurde	sie	zerstört.
Adverbiale der Zeit	**Prädikat**	**Subjekt**	**Prädikat**

Bewertung:
8 Punkte,
je richtige Teilaufgabe
4 Punkte

MEIN ERGEBNIS

Punkte	35–33	32–30	29–27	26–24	23–21	20–17	16–13	12–9	8–6	5–3	2–0
Note	1	1,5	2	2,5	3	3,5	4	4,5	5	5,5	6

LÖSUNGEN

7.–8. Klasse

01

LÖSUNGEN

Eine Reportage schreiben

KA Seite 38

VORARBEITEN

1) **Einen Überblick verschaffen:** Lies die Materialien aufmerksam und zügig einmal durch, damit dir das Thema der Streitschlichtung, wie es sich hier darstellt, gut vor Augen steht.
2) **Lesen und markieren:** Lies die einzelnen Texte noch einmal „mit dem Bleistift", das heißt: Markiere die Stellen, die dir für deine Reportage wichtig erscheinen.
3) **Sortieren:** Ordne das Material nach folgenden Gesichtspunkten:
   - Was eignet sich für eine einleitende Momentaufnahme?
   - Welche Informationen sind am wichtigsten, welche weniger wichtig?
   - Wann handelt es sich um persönliche Stellungnahmen?
   - Welche Informationen sind rein sachlich?
   - Welche Informationen lassen sich mit deinen eigenen Erfahrungen in Zusammenhang bringen?
   - Welche Äußerungen willst du zitieren oder in indirekter Rede wiedergeben?
   - Was dient als Hintergrundinformation?
4) **Schreibplan erstellen**

TIPP

Verwende Zitate in direkter oder indirekter Rede; dadurch erhält dein Text größere Glaubwürdigkeit; gib die Personen an, die du zitierst. Bei Zitaten aus Zeitschriften oder Büchern musst du den Fundort angeben

DER SCHREIBPLAN

Einleitung:
- Momentaufnahme: Streitgespräch
- Streitschlichtung: eine Möglichkeit der Vermittlung

Hauptteil:
- Streitschlichtung an unserer Schule; ihre Wirksamkeit an einem Beispiel
- Ausbildung zum Streitschlichter und Meinungen dazu
- Vorgehensweise bei der Streitschlichtung: Darstellung der einzelnen Schritte

Schluss:
- Streitschlichtung: Eine Sache, die alle angeht

20 Minuten

TIPP

Beginne deine Reportage mit einem anschaulichen Beispiel.

TIPP

Du darfst in einer Reportage deine persönliche Einschätzung oder deine subjektive Sichtweise mit einbringen; deine Informationen müssen aber überzeugend sein.
Achte auf eine zusammenhängende Darstellung der Informationen, die du dem vorgegebenen Informationsangebot entnimmst.

AUFSATZ

Mobbing in der Klasse? Wir helfen! (1)
Streitschlichtung an unserer Schule (2)

„Hau ab, du Blödmann, sonst fängst du eine!" „Selber Blödmann!" „Mach mich nicht an, doofe Zicke" „Was soll das? Ich hab' dir doch nichts getan!" „Immer fängst du an. Lass mich los!" (3)
So oder so ähnlich klingt es in vielen Klassenräumen oder auf dem Schulhof und oft entwickelt sich daraus ein handfester Streit, der die Atmosphäre in einer Klasse erheblich belasten kann. Was ist zu tun, wenn die Streithähne sich nicht vertragen wollen und auch der Klassenlehrer oder die Eltern nicht vermitteln können? Dann sollten die Streitenden die Streitschlichter aufsuchen, die für solche Fälle in der Regel bestens ausgebildet sind. (4)
Seit es an unserer Schule die Einrichtung der Streitschlichtung gibt, werden die meisten kleinen Konflikte dieser Art mit Hilfe der Streitschlichter oder Streitschlichterinnen beigelegt, was nicht immer zu neuen Freundschaften führt, aber zumindest zu einer besseren Atmosphäre in der Klasse. (5)
Die Schüler-Streitschlichtung ist an unserer Schule fest im Schulalltag verankert und wird von den Schülerinnen und Schülern gut angenommen. Kai, der in der 6. Klasse von einigen seiner Mitschüler gemobbt wurde (6), wollte schon die Schule wechseln, als er gewissermaßen als letzte Möglichkeit der Vermittlung sich an die Schüler-Streitschlichtung wandte. Es ist nach mehreren Sitzungen und Gesprächen gelungen, die Situation in seiner Klasse zu entspannen.
„Jetzt", meint Kai, „verstehen wir uns schon besser und reden wieder miteinander." (7)
Die Ausbildung zum Streitschlichter bzw. zur Streitschlichterin dauert zwar recht lange, aber die Streitschlichterin Jana aus der 10b meint, dass sich das lohne, man lerne für sich persönlich sehr viel hinzu. Auch Louis aus der 10a glaubt, seitdem er Streitschlichter sei, komme er sogar mit seinen Eltern besser zurecht (8).
In 20 bis 40 Stunden lernen die Schülerinnen und Schüler der 9ten Klassen, die sich freiwillig zu dieser Ausbildung gemeldet haben, in welchen Schritten eine Streitschlichtung abläuft. „Schüler-Streit-Schlichtungs-Programme", so las ich in der Zeitschrift ‚Pädagogik', „sind stark formalisierte Verfahren. Hierfür werden „Konfliktlotsen" ausgebildet, die dann ihre Kenntnisse und Fähigkeiten bei Schülerstreitigkeiten einsetzen. Ziel ist es, in der Schule eine Streitkultur zu fördern, die letztlich alle Bereiche des Schullebens einschließen sollte." (9) Nach welchem Schema eine Streitschlichtung ablaufen soll, zeigt die folgende Übersicht, die ich der DVD mit dem Titel „Konflikte XXL", hg. v. der Bundeszentrale für politische Bildung entnommen habe:

(1) Den Titel kannst du reißerisch gestalten, das weckt die Neugier;
(2) der Untertitel sollte sich auf die Sache beziehen.

(3) Mit dieser Momentaufnahme führst du anschaulich in das Thema ein.

(4) Ausgehend von der Momentaufnahme deutest du hier die Wichtigkeit der Streitschlichtung an.

(5, 6) Du schreibst die Reportage im Präsens. Vergangenheitsformen benutzt du, wenn du über ein vorausgegangenes Geschehen berichtest, dies lässt Spannung aufkommen.

(7) Durch das Zitat an dieser Stelle wird der Vorfall glaubwürdiger und wirklichkeitsnäher.

(8) Auch mit Hilfe der indirekten Rede erhöhst du den Wahrheitsgehalt deiner Aussagen.

(9) Mit diesem Zitat unterstützt du die Wichtigkeit des zentralen Themas mit der Autorität einer Fachzeitschrift.

I. EINLEITUNG

1) Begrüßen
2) Ziele verdeutlichen
3) Grundsätze benennen
4) Schlichtungsprozess erklären
5) Gesprächsregeln erläutern
6) Gesprächsbeginn vereinbaren

II. KLÄRUNGEN

1) Berichten
2) Zusammenfassen
3) Nachfragen
4) Befindlichkeit ausdrücken
5) Anteile am Konflikt artikulieren
6) Überleiten

III. LÖSUNGEN

1) Lösungsmöglichkeiten überlegen
2) Lösungsmöglichkeiten aufschreiben
3) Lösungen auswählen
4) Lösungen vereinbaren

IV. VEREINBARUNGEN

1) Vereinbarungen aufschreiben
2) Vereinbarungen unterschreiben
3) Verabschieden

(11)

(11) Mit dieser Übersicht über die einzelnen Schritte der Streitschlichtung gibst du einen umfassenden und anschaulichen Einblick in die einzelnen Schritte des Verfahrens. Bei einer zweistündigen Klassenarbeit müsstest du die Übersicht im Einzelnen erläutern.

Das ist wirklich „stark formalisiert", ist aber für uns sehr hilfreich und lässt sich gut anwenden. Wichtig sind vor allem die Vereinbarungen zwischen den Streitenden, die diese dann auch unterschreiben müssen, was sie nachdrücklich dazu verpflichtet, sich auch daran zu halten (12).

(12) Indem du dich nur auf diese zwei Unterpunkte beschränkst, zeigst du die Möglichkeit, in einer Reportage deine persönliche Sichtweise einzubringen.

Streitschlichtung ist eine Sache, die alle am Schulleben Beteiligten angeht: Schüler und Schülerinnen, Lehrer und Eltern. Das ist auch die Auffassung unserer Vertrauenslehrerin Frau C. Emrich, die auch davon überzeugt ist, dass die Erfahrungen, die Schülerinnen und Schüler als Streitschlichter machten, überwiegend positiv seien.

Hakan Demirel, 7d

🕒 **40 Minuten**

SELBSTBEWERTUNGSBOGEN:
REPORTAGE ZUR STREITSCHLICHTUNG

Folgende Bewertungspunkte solltest du erfüllen: Du hast …	Höchstpunkt- zahl		Deiner Meinung nach erreichte Punktzahl
die Reportage • in einem zusammenhängenden Text verfasst, • klar in Einleitung, Hauptteil und Schluss untergliedert, • die Gliederung durch Absätze im Schriftbild hervorgehoben.	4 6 2	**12**	
• einen passenden Titel gefunden, der neugierig macht, • den Sachaspekt im Untertitel genannt.	4 2	**6**	
mit einem anschaulichen Beispiel in das Thema eingeführt.	8	**8**	
• durch passende Zitate aus den vorgegebenen Informationen deiner Darstellung Glaubwürdigkeit verliehen, • die Zitate fließend in den Satzzusammenhang eingebaut.	8 4	**14**	
eine überzeugende Darstellung des Themas gegeben, indem du: • aus den vorgegebenen Informationen die wichtigen Aspekt des Themas ausgewählt hast, • die Wirksamkeit der Streitschlichtung an eurer Schule angesprochen und an einem Fall veranschaulicht hast, • die Ausbildung zum / zur StreitschlichterIn dargestellt und ihren Wert durch Schülermeinungen bestätigt hast, • die Art, wie man bei der Streitschlichtung vorgeht, umfassend wiedergegeben und zum Teil erläutert hast.	10 5 5 5	**25**	
das Positive der Streitschlichtung am Schluss zusammenfassend noch einmal dargestellt.	5	**5**	
Zwischensumme für die inhaltliche Darstellung		**68**	

bei der **sprachlichen Darstellung** • auf vollständige Sätze und abwechslungsreichen Satzbau geachtet, • treffenden, abwechslungsreichen Ausdruck verwendet, • die Regeln der Rechtschreibung beachtet, • auf richtige Zeichensetzung und • die korrekte Grammatik geachtet.	 3 3 2 2 2	**12**	
Summe insgesamt		**80**	

MEIN ERGEBNIS

Punkte	80–75	74–69	68–63	62–57	56–51	50–45	44–38	37–31	30–24	23–17	16–0
Note	1	1,5	2	2,5	3	3,5	4	4,5	5	5,5	6

Eine Inhaltsangabe verfassen

02

LÖSUNGEN

VORARBEITEN

KA Seite 43

1) **Lesen und markieren:** Lies die Geschichte zweimal gründlich durch, am besten mit dem Stift.
2) **Sinnabschnitte finden:** Gliedere den Text in Erzähl-, bzw. Sinnabschnitte.
3) **Sinnabschnitte zusammenfassen:** Lege eine Stoffsammlung an, in der du die einzelnen Erzählabschnitte in kurzen Sätzen zusammenfasst.
4) **Schreibplan erstellen:** Fertige auf der Grundlage deiner Stoffsammlung einen Schreibplan an.

1. DIE STOFFSAMMLUNG

- Ein Mann namens Munnicher möchte sich umbringen und will daher in einer Apotheke Pflanzengift kaufen.
- Er glaubt, dass man ihm seine vergangene, dreijährige Haftstrafe ansieht und verlangt vom Apotheker das stärkste Gift.
- Während der Apotheker das Gift holt und die Gebrauchsanweisung erklärt, erblickt Munnicher in einem Hinterraum ein braunäugiges Mädchen, mit dem er einen Gruß austauscht.
- Zuhause trinkt Munnicher das Gift, wartet aber vergeblich auf den Tod.
- Am nächsten Morgen stellt er den Apotheker zur Rede und erfährt, dass dieser ihm nur ein harmloses Medikament verkauft hat.
- Der Apotheker gibt Munnicher zu verstehen, dass er dessen Selbstmordabsichten durchschaut hat und schon viele andere Lebensmüde durch den Verkauf eines harmlosen Medikaments vor dem Tod bewahrt hat.
- Munnicher sieht, dass der Name der Apotheke „Vita Nova" ist, was „neues Leben" bedeutet und kauft sich Hustenbonbons.

TIPP

Fasse in deiner Stoffsammlung jeden Erzählabschnitt des Originaltextes (den du zuvor mit Hilfe von Markierungen gekennzeichnet hast) möglichst in einem Satz zusammen.

2. DER SCHREIBPLAN

Einleitung:

- Autor: Josef Reding
- Titel: Apotheke Vita Nova
- Textsorte: Kurzgeschichte
- Handlungskern: Ein Mann, Munnicher, wird erfolgreich vom Selbstmord abgehalten.

Hauptteil:
- Zusammenfassung der Erzählabschnitte in einem zusammenhängenden Text.

Schluss:
- eventuell Bewertung

20 Minuten

TIPP
Nenne im Hauptteil nur die wesentlichen Infor-mationen und kürze längere Handlungsabläufe. Orientiere dich dabei an den folgenden W-Fragen: **Wer**? **Was** (geschieht)? **Wo**? **Wann**? **Wie**? **Warum**? Mit **welchen** Folgen?

AUFSATZ

Inhaltsangabe zu dem Text „Vita Nova"

Die von Josef Reding verfasste Kurzgeschichte „Vita Nova handelt von einem Mann, der erfolgreich vom Selbstmord abgehalten wird. (1)

Der ehemalige Häftling Munnicher will in einer Apotheke Pflanzenschutzgift kaufen, um sich umzubringen. Er verlangt von dem einarmigen Apotheker, von dem er glaubt, dass er ihm bestimmt seine Haftzeit ansieht, das stärkste Gift. Während der Apotheker die Ware holt, ihm die Gebrauchsanweisung erläutert und das Geld kassiert, erblickt Munnicher im Hinterraum eine braunäugige junge Frau, mit der er einen schüchternen Gruß austauscht. Zuhause nimmt Munnicher das Gift ein, wartet aber vergeblich auf einen qualvollen Tod. (2)
Am nächsten Morgen erfährt er vom Apotheker, dass dieser ihm bewusst nur ein harmloses Medikament verkauft hat. Er gibt Munnicher zu verstehen, dass er dessen Selbstmordabsichten durchschaut habe und schon viele andere Lebensmüde auf dieselbe Weise vor dem Tod bewahrt habe. (3)
Während Munnicher vergeblich die junge Frau zu sehen versucht, stellt er fest, dass die Apotheke „Vita Nova" heißt, was „neues Leben" bedeutet. Daraufhin kauft er sich Hustenbonbons.

Ohne dass in dieser Kurzgeschichte Gefühle besonders zur Sprache kommen, wird eindringlich verdeutlicht, wie ein Mensch, der scheinbar am Ende ist, durch die Begegnung mit anderen Menschen wieder zum Leben zurückgeführt wird. (4)

25 Minuten

(1) In der Einleitung nennst du **Autor**, **Titel** und **Textsorte** und gibst die **Kernaussage** des Textes wieder.

(2) Im Hauptteil fasst du möglichst kurz die **wesentlichen Informationen** des Textes in eigenen Worten zusammen. Achte dabei auf den richtigen zeitlichen Ablauf des Geschehens.

(3) Wichtige wörtliche Aussagen werden knapp umschrieben oder in die **indirekte Rede** umgewandelt (Konjunktiv I).

(4) Im Schlussteil kannst du kurz deine eigene **Deutung** oder **Bewertung** erwähnen.

SELBSTBEWERTUNGSBOGEN: EINE INHALTSANGABE VERFASSEN

Folgende Bewertungspunkte solltest du erfüllen: Du hast...	Höchstpunktzahl		Deiner Meinung nach erreichte Punktzahl
in einer Stoffsammlung alle Erzählabschnitte erkannt und schriftlich notiert.	6	**6**	
in der Einleitung • Autor, Titel und Textsorte genannt, • den Aussagekern herausgearbeitet.	6 2	**8**	
im Hauptteil • die einzelnen Erzählabschnitte klar und übersichtlich dargestellt, • dabei die Reihenfolge des Geschehens beachtet, • längere Handlungsabläufe gekürzt, • dich auf die Fakten beschränkt, • wörtliche Rede zusammengefasst oder in die indirekte Rede umgewandelt.	8 8 6 6 6	**34**	
im Schluss eine kurze Deutung des Inhalts gegeben.	6	**6**	
• die Inhaltsangabe durchgehend im Sachstil verfasst, • Spannung vermieden.	6 4	**10**	
Zwischensumme für die inhaltliche Darstellung		**64**	
Bei der **sprachlichen Darstellung** hast du • auf vollständige Sätze und abwechslungsreichen Satzbau geachtet, • präzise Verben und Adjektive verwendet, • auf die Regeln der Rechtschreibung, • die richtige Zeichensetzung • und korrekte Grammatik geachtet, • im richtigen Tempus (Präsens) geschrieben.	3 3 3 3 2 2	**16**	
Summe insgesamt		**80**	

MEIN ERGEBNIS

Punkte	80–75	74–69	68–63	62–57	56–51	50–45	44–38	37–31	30–24	23–17	16–0
Note	1	1,5	2	2,5	3	3,5	4	4,5	5	5,5	6

Eine Kurzgeschichte untersuchen

03

LÖSUNGEN

KA Seite 46

VORARBEITEN

1) **Einen Überblick verschaffen:** Lies die Kurzgeschichte zunächst konzentriert in einem Zuge durch und mache dir klar, worum es in der Geschichte geht. Formuliere in ein oder zwei Sätzen einen ersten Eindruck, den du in der weiteren Auseinandersetzung mit dem Text immer treffender, präziser ausformulieren kannst.

2) **Lesen und markieren:** Lies die Kurzgeschichte „mit dem Bleistift", das heißt: Markiere im Hinblick auf die Aufgabenstellung das, was dir wichtig scheint. Nicht zuviel markieren, sonst verlierst du den Überblick.

3) **Sortieren:** Mache dir zu den formalen und sprachlichen Merkmalen der Kurzgeschichte auf einem Extrablatt Notizen. Berücksichtige dabei:

Inhalt / Inhaltsangabe
- Welches Thema wird behandelt (vgl. Ersteindruck)?
- Welche Personen kommen vor? Was erfährst du über sie?
- Welche Situation wird dargestellt?
- Wo spielt die Handlung und zu welcher Zeit?
- Womit beginnt der Text? Womit endet er?

TIPP
Beziehe den Titel der Kurzgeschichte in deine Überlegungen mit ein.

Formale Merkmale: Aufbau / Struktur
- Wie ist die Kurzgeschichte aufgebaut?
- Wie wird die Geschichte eingeleitet? Wie wird sie abgeschlossen?
- Wie ist der Text gegliedert?
- Gibt es einen Höhepunkt, eine Wende oder eine Pointe?
- Wird Spannung erzeugt, wenn ja, wodurch?

Erzählweise und Sprache
- Wird mehr erzählt oder herrscht Dialog vor?
- Wer erzählt die Geschichte?
- Aus welcher Perspektive wird die Geschichte erzählt?
- Wie sind die einzelnen Sätze überwiegend gestaltet?
- Wie ist die Sprachgestaltung (Umgangssprache, gehobene Sprache, Dialekt usw.)?

TIPP
Achte auch auf andere auffällige sprachliche Gestaltungsmerkmale: bildhafte Sprache, Vergleiche, Wiederholungen bestimmter Wörter oder Sätze.

4) **Schreibplan anfertigen**

1. TEXTUNTERSUCHUNG

Notizen zu Punkt 3) der Vorarbeiten

Inhalt der Kurzgeschichte	
Thema (Ersteindruck)	Ein Mädchen glaubt, dass sie nicht hübsch ist, weil sie eine zu große Nase hat, wird aber von ihrem Onkel davon überzeugt, dass das Ansichtssache ist.
Personen	• Irina, ein 14-jähriges Mädchen, die sich nicht gefällt und deshalb nicht weiß, ob sie auf eine Klassenfete gehen wird • Thomas, ihr Onkel aus Kanada, 23 Jahre alt, der nach drei Jahren wieder einmal auf Besuch da ist und Irina davon überzeugt, dass man Nasen so oder so sehen kann (Titel) • die Mutter Irinas, die ihrem Lieblingsbruder gegenüber auf das schwierige Alter Irinas hinweist und diese bittet, nett zu ihrem Onkel zu sein • Manuela, eine Mitschülerin mit einer Stupsnase
Situation	Irina steht in ihrem Zimmer vor dem Spiegel und findet sich hässlich. Gerade will sie die Tür abschließen, damit ihr Onkel Thomas sie nicht belästigt, da ist dieser schon im Zimmer und macht ihr geschickt Komplimente zu ihrem Äußeren, was Irina schließlich davon überzeugt, dass sie doch nicht so hässlich ist.
Ort und Zeit	Die Handlung spielt abends kurz vor 20 Uhr überwiegend im Zimmer Irinas
Beginn / Schluss der Kurzgeschichte	Am Anfang ist Irina unglücklich über ihr Aussehen, vor allem wegen ihrer Nase, die sie zu groß findet. Deshalb will sie nicht auf die Klassenfete gehen. Am Schluss hat sie ihr Onkel davon überzeugt, dass es Ansichtssache ist, wie man eine Nase betrachtet und sichtlich mit sich zufrieden will sie nun doch auf die Klassenfete gehen.

TIPP

Dieses Beispiel einer Textuntersuchung ist sehr ausführlich und für eine mindestens 60- bis 90-minütige Klassenarbeit gedacht. Steht dir weniger Zeit zur Verfügung, notiere in Stichworten und halte nur die wichtigsten Punkte fest.

Formale Merkmale: Aufbau / Struktur der Kurzgeschichte	
Einleitung Schluss	Die Kurzgeschichte beginnt unvermittelt mit einer Zeitangabe im Präsens: „Es ist fast 20 Uhr, …“. Sie hat keinen offenen Schluss, da sie mit der Erkenntnis Irinas endet, dass ihre Nase doch nicht so hässlich ist.
Gliederung in Erzählschritte	1) Die Mutter erklärt ihrem Bruder, wie schwierig Irina zurzeit ist. 2) Irina ist wegen ihrer Nase, die sie im Vergleich zu der Stupsnase einer Mitschülerin als zu groß empfindet, unglücklich und möchte ihren Onkel nicht sehen, der sie früher immer hochgehoben und abgeküsst hat. 3) Sie kann nicht verhindern, dass er ihr Zimmer betritt und sie findet ihn attraktiver als früher. 4) Auch er findet, dass sie gut aussieht, was sie mit dem Hinweis auf ihre Pickel und die Nase empört zurückweist. 5) Der Onkel tröstet sie, indem er darauf verweist, dass auch er in ihrem Alter Pickel hatte, die er jetzt nicht mehr hat; außerdem werde ihre Nase noch wachsen. 6) Entsetzt wehrt sich Irina gegen diese Aussicht. Doch der Onkel macht ihr klar, dass man über die Größe der Nase unterschiedlicher Meinung sein könne und er z. B. Frauen mit einer Stupsnase nicht schön finde. 7) Befreit umarmt und küsst nun Irina ihren Onkel und verabschiedet sich, um auf die Klassenfete zu gehen.
Wende Gegensätze	Irinas negative Selbsteinschätzung am Anfang verwandelt sich am Ende ins Positive. Früher konnte Irina ihren Onkel nicht leiden, jetzt findet sie ihn gut aussehend. Früher hob der Onkel Irina hoch und küsste sie, jetzt ist es Irina, die ihn umarmt und küsst. Zu Beginn der Erzählung weiß Irina nicht, ob sie auf die Klassenfete gehen soll, am Schluss will sie gehen.
Spannung	Was geschieht, nachdem sich Onkel Thomas Zutritt zum Zimmer Irinas verschafft hat, zwischen Irina und ihrem Onkel? Womit gelingt es dem Onkel, Irina umzustimmen?

Erzählweise und Sprache der Kurzgeschichte	
Verhältnis von Erzählbericht und Dialog	Es überwiegt der Dialog, auch als Selbstgespräch; insofern nähert sich die Erzählung dem Drama an und die Erzählzeit entspricht der erzählten Zeit.
Erzähler	Der Erzähler ist ein allwissender Erzähler, der weiß, was die Personen fühlen und denken, vor allem Irina.
Perspektive	Die Erzählung wird im Hauptteil überwiegend aus der Perspektive Irinas erzählt.
Sprachliche Gestaltung	Umgangssprache; überwiegend einfache Satzmuster, auch unvollständige Sätze

2. DER SCHREIBPLAN

Einleitung:
- Autor, Titel, Textart
- Kernsatz

Hauptteil:
- Kurze Zusammenfassung des Inhalts der Kurzgeschichte
- Aufbau und Strukturmerkmale der Kurzgeschichte
- Erzählweise und Sprache

Schluss:
- Stellungnahme zur zentralen Aussage der Kurzgeschichte
- eigener Deutungsansatz

(Vorarbeiten insgesamt | ◷ **30 Minuten**)

HINWEISE ZUM SCHREIBEN DES AUFSATZES

1) Da du mit deinen Ausführungen zu Inhalt, Aufbau, Erzählweise und Sprache der vorliegenden Kurzgeschichte eine Textbeschreibung anfertigst, musst du wie bei allen Beschreibungen deinen Aufsatz im Präsens verfassen.
2) Gliedere deinen Aufsatz auch im Schriftbild entsprechend der Gliederungspunkte des Schreibplans.
3) Verwende Sachsprache und gebrauche, wenn möglich, Fachausdrücke, wie du sie im Unterricht gelernt hast.
4) Gib Dialogteile in indirekter Rede wieder, beachte dabei die Konjunktivformen der Verben.

AUFSATZ

Untersuchung der Kurzgeschichte „Nasen kann man so oder so sehen" von Ingrid Kötter (1)

(1) Formuliere die Überschrift sachlich, passend zur Sachsprache deiner Textuntersuchung.

Die Kurzgeschichte „Nasen kann man so oder so sehen" von Ingrid Kötter handelt von einem Mädchen namens Irina, das glaubt, nicht hübsch zu sein, weil ihre Nase zu groß sei. Sie wird von ihrem Onkel Thomas davon überzeugt, dass es Ansichtssache sei, ob man eine Nase zu groß oder zu klein findet (2).

(2) Im Kernsatz der Einleitung nennst du Autorin, Titel und Textsorte und fasst den zentralen Inhalt zusammen.

Unzufrieden mit ihrem Aussehen steht Irina vor dem Spiegel und bedauert, eine – wie sie meint – zu große Nase zu haben und nicht eine so niedliche wie ihre Mitschülerin Manuela. Sie weiß deshalb nicht, ob sie auf die Klassenfete gehen soll. Ihre schlechte Laune wird zudem dadurch verstärkt, dass sie befürchten muss, ihr Onkel Thomas, der gerade aus Kanada zu Besuch angekommen ist, werde sie wieder wie ein kleines Mädchen hochheben und abküssen. Um einer solchen Begrüßung zu entgehen, will sie sich gerade in ihr Zimmer einschließen, als der Onkel dieses schon betritt. Er stellt fest, dass aus Irina eine „richtige hübsche Dame" geworden sei (3), was diese verärgert zurückweist, indem sie ihn auf ihre Nase und die beiden Pickel in ihrem Gesicht aufmerksam macht. Als er sie daraufhin mit den Worten beruhigen will, er finde ihre Nase zwar noch zu klein, aber sie werde schon noch wachsen, ist Irina entsetzt. Er macht ihr klar, dass man Nasen ganz unterschiedlich bewerten könne und dass dies auf den Betrachter ankomme. Er zum Beispiel könne Frauen mit einer Stupsnase nicht ausstehen, weil denen die „frauliche Ausstrahlung" fehle (3). Als Irina dies hört, ist sie überglücklich und entscheidet sich mit neuem Selbstbewusstsein, die Klassenfete nun doch zu besuchen.
Die Handlung der Kurzgeschichte zeigt einen Ausschnitt aus dem wirkli-

(3) Die Dialogteile musst du hier in indirekter Rede wiedergeben. Das heißt, die Verben stehen in der Regel im Konjunktiv I; hat der Konjunktiv I dieselbe Form wie das Präsens, verwendest du den Konjunktiv II.

chen Alltag eines jungen Mädchen und ist insofern ein für die Kurzgeschichte typisches Thema. Ein Erzähler, der weiß, was die Personen, von denen er erzählt, fühlen und denken, vor allem Irina (Z. 9: „Mürrisch …"; Z. 29: „Irina denkt … und denkt: …"), führt kaum in das Geschehen ein, das überwiegend aus Dialogen besteht und sich vorwiegend aus der Perspektive Irinas darstellt („An manchen Tagen ist es wie verhext", Z. 15 f.; oder: „Sieht echt gut aus, der Typ.", Z. 34). Die Kurzgeschichte beginnt unvermittelt. Der Aufbau erfolgt im Wesentlichen linear in drei Schritten: Einführung durch den Hinweis der Mutter auf Irinas schlechte Laune (Z. 3–5), Irinas Unzufriedenheit mit ihrem Aussehen und die bevorstehende Begrüßung durch den Onkel als Gründe für die schlechte Laune (Z. 7–30) und der Gesprächsverlauf zwischen Irina und ihrem Onkel (Z. 31–67). Der Schluss bringt die Wende in der Selbsteinschätzung Irinas, eine Art Happy End, und entspricht damit nicht dem sonst für Kurzgeschichten üblichen offenen Schluss. Die Sprache der Kurzgeschichte orientiert sich mit den kurzen, wenig ausgeschmückten Sätzen und den sprachlich anspruchslosen Dialogteilen an der Umgangssprache („Irina steht in ihrem Zimmer vor dem Spiegel. In letzter Zeit steht sie oft dort.", Z. 6 f.) oder entspricht im Falle Irinas der Sprache der Jugendlichen („Quatsch keinen Käse", Z. 40; „Du bist prima!", Z. 65) (4).

(4) Das, was dir zur Form und zur Sprache der Kurzgeschichte aufgefallen ist, fasst du hier in einem zusammenhängenden Text zusammen. Vermeide die bloße Aufzählung der Merkmale!

Mit der Unzufriedenheit mit dem eigenen Aussehen bietet die Autorin den jugendlichen Lesern und Leserinnen ein aktuelles Thema, wenn man nur einmal an die magersüchtigen Models denkt, die vielen heranwachsenden Mädchen als Vorbilder dienen, denen sie dann mit lebensgefährlichen Hungerkuren nacheifern. (5)
Hier ist es zwar nur die Nase, die Irina nicht gefällt, aber das Gespräch mit ihrem Onkel macht deutlich, was von Schönheitsidealen, wie zum Beispiel einer Stupsnase, zu halten ist, da sie immer abhängig vom Betrachter sind (6).

(5, 6) Im Schluss kannst du auf aktuelle Bezüge des Themas aufmerksam machen und einen eigenen Deutungsansatz einbringen.

30 Minuten

SELBSTBEWERTUNGSBOGEN:
EINE KURZGESCHICHTE UNTERSUCHEN

Folgende Bewertungspunkte solltest du erfüllen: Du hast...	Höchstpunktzahl		Deiner Meinung nach erreichte Punktzahl
die Textbeschreibung			
• gedanklich und inhaltlich klar gegliedert,	4		
• deine Gliederung durch Absätze im Schriftbild deutlich gemacht,	2		
• durchgehend im Sachstil geschrieben,	4		
• deine Aussagen mit passenden Zitaten belegt.	4	**14**	
in der Einleitung			
• Autor, Titel und Textart genannt,	2		
• den zentralen Inhalt der Kurzgeschichte als Kernsatz zusammengefasst.	4	**6**	
im Hauptteil			
• den Inhalt auf die wesentlichen Zusammenhänge beschränkt und verständlich zusammengefasst,	6		
• das, was die Hauptpersonen wollen, sagen und tun, im Zusammenhang treffend dargestellt.	6	**12**	
die direkte Rede richtig in indirekte Rede umgeformt.	4	**4**	
wichtige formale Merkmale der Kurzgeschichte angeführt:			
• das Thema als Wirklichkeitsausschnitt aus dem Alltag eines jungen Mädchen bezeichnet,	4		
• in den umfangreichen Dialogteilen einen dramatischen Grundzug angedeutet,	2		
• den Erzähler als allwissend gekennzeichnet,	2		
• auf Irina als Perspektivfigur hingewiesen,	3		
• auf den unvermittelten Anfang hingewiesen,	2		
• den linearen Aufbau dargestellt,	3		
• die Wende im Bewusstsein Irinas als Schlusspunkt bezeichnet,	2		
• den Schluss als nicht typisch für den sonst offenen Schluss einer Kurzgeschichte erkannt,	2		
• die Sprache als Umgangssprache und Sprache der Jugend gekennzeichnet.	4	**24**	

im Schlussteil • einen Bezug zu einem aktuellen Thema hergestellt, • einen persönlichen Deutungsansatz geliefert.	4 4	8	
Zwischensumme für die inhaltliche Darstellung		**68**	
bei der **sprachlichen Darstellung** • auf vollständige Sätze und abwechslungsreichen Satzbau geachtet, • treffenden, abwechslungsreichen Ausdruck verwendet, • die Regeln der Rechtschreibung beachtet, • auf richtige Zeichensetzung und • die korrekte Grammatik geachtet.	3 3 2 2 2	**12**	
Summe insgesamt		**80**	

MEIN ERGEBNIS

Punkte	80–75	74–69	68–63	62–57	56–51	50–45	44–38	37–31	30–24	23–17	16–0
Note	1	1,5	2	2,5	3	3,5	4	4,5	5	5,5	6

Mit einem Dramentext umgehen

04

LÖSUNGEN

KA Seite 48

TIPP

Bei der Einordnung der Szene in die Gesamthandlung und bei der Darstellung der Folgen ist es wichtig, dass du die Handlungszusammenhänge des gesamten Dramas gut kennst.

VORARBEITEN

1) Lies den Text zunächst aufmerksam in einem Zug durch und beachte dabei, dass du die Zeilensprünge ohne Pause über das Versende hinweg liest.

2) Lies den Text noch einmal gründlich „mit dem Bleistift", damit du dir am Rand des Textes Notizen machen oder dir wichtig erscheinende Stellen markieren kannst. Versuche, dir dabei Klarheit über folgende Fragen zu verschaffen:

   - **Worum** geht es in dem Text?
   - **Wo** und **wann** spielt die Handlung? (Achte auch auf die Nebentexte[1].)
   - Welche **Personen** treten auf und mit welchen anderen Personen stehen sie in Verbindung?
   - **Worum** geht es genau in den einzelnen Dialogteilen?
   - Welche **Redeabsichten** oder **Sprechhandlungen**[2] werden deutlich?
   - **Wie** reagieren die Dialogpartner auf das, was der andere sagt oder meint?
   - **Was passiert vorher**, vor allem im Zusammenhang mit den auftretenden Personen?
   - Welchen **Einfluss** hat das, was hier geschieht, **auf die nachfolgende Handlung** des Dramas?

3) Entwirf einen Schreibplan (= eine Gliederung) für deinen Aufsatz, der klar nach Einleitung, Hauptteil und Schluss gegliedert sein soll.

---

1 das sind die Texte, die nicht gesprochen werden, die Regieanweisungen

2 Sprechhandlungen sind z. B.: mit dem, was man sagt, sich rechtfertigen, bloßstellen; jemanden beschuldigen, beruhigen, den anderen auffordern, bitten; etwas infrage stellen usw.

DER SCHREIBPLAN

Einleitung:
- Autor und Werk nennen
- Hinweis auf die Art des Dramas und das Thema
- Hinführung auf die einzuordnende Textstelle

Hauptteil:
a) Einführung der auftretenden Personen
b) Kernsatz, der das Wichtigste der Szene in einem Satz zusammenfasst
c) Darstellung des zentralen Inhalts der Szene:
   - Rudenz' Absicht, Berta seine Liebe zu erklären
   - Bertas Zurechtweisung und ihr Liebesgeständnis
   - Rudenz' Einsicht und Wandlung; seine Ratlosigkeit
   - Bertas Aufforderung (zu seiner Liebe und seinem Volk zu stehen)

d) Folgen der Wandlung Rudenz':
   - Mutiger Auftritt in der „Apfelschussszene"
   - Gelöbnis am Totenbett seines Onkels Attinghausen
   - Aufruf zum Aufstand; Befreiung Bertas und der Waldstätten
   - Verlobung und Freiheit der Leibeigenen

Schluss:
Eigene Meinung zur Wandlung der Figur des Rudenz

🕓 **30 Minuten**

HINWEISE ZUM SCHREIBEN DES AUFSATZES

1) Gliedere deinen Aufsatz entsprechend der Hauptpunkte deiner Gliederung sichtbar durch Absätze im Schriftbild.

2) Verfasse die Einordnung der Textstelle, wie jede Beschreibung eines literarischen Textes, im Präsens.

3) Verwende Sachsprache und vermeide Verben, Adjektive oder Formulierungen, die Spannung erzeugen.

4) Gib bei Zitaten bestimmter Dialogteile die wörtliche Rede als indirekte Rede wieder.

5) Einzelne Zusammenhänge darfst du, wie bei der Inhaltsangabe, nicht bewerten.

6) Deine eigene Meinung zur Textstelle kannst du im Schlussteil deines Aufsatzes äußern.

AUFSATZ

Mit dem „Wilhelm Tell" schuf Schiller eines seiner historischen Dramen, in dem er den Befreiungskampf der Schweizer Urkantone darstellt (1). Dass nicht alle Edlen der drei Waldstätten sich dem Ruf nach Freiheit von vornherein anschließen, zeigt die Rudenz-Berta-Handlung, in deren Zusammenhang die zu behandelnde Szene steht (2).

In der ersten Szene des zweiten Aufzugs wird Ulrich von Rudenz als Neffe des Freiherrn von Attinghausen, dem adligen Oberhaupt der Schweizer Waldstätten, eingeführt. Er will seinen Onkel verlassen, da ihn die Liebe zu Berta von Bruneck dazu veranlasst hat, sich dem Hofstaat der Österreichischen Vasallen anzuschließen, weil er glaubt, ihr nur in dieser höfischen Umgebung gefallen zu können (3).
Die in den Gesamtzusammenhang des Dramas einzuordnende zweite Szene des dritten Aufzugs (4) handelt von einem Dialog zwischen Rudenz und Berta abseits einer Jagdgesellschaft, in dessen Verlauf Berta bei Rudenz einen Sinneswandel durch ihre Liebe zu ihm hervorruft (5).
Gleich zu Beginn der Szene will Rudenz Berta seine Gefühle, die er ihr gegenüber hat, erklären, (6) wird von Berta jedoch zurechtgewiesen, weil er als „Sklave Österreichs" (V 1604) sein Volk verraten habe. (7) Sie wirft ihm vor, seine Pflichten als Schweizer Adliger seinem Volk gegenüber nicht zu erfüllen, sondern zusammen mit den Feinden seines Volkes die „Freiheit zu verjagen" (V 1632 f.). Als Rudenz nun glauben muss, dass sie ihn hasst und verachtet (V 1637), gesteht Berta ihm, dass sie nicht denjenigen verachten kann, den sie lieben möchte (V 1638 ff.) (8), dass sie auf seine Liebe angewiesen und bereit sei, mit ihm in der Schweiz zu leben, wenn er sich auf die Seite seines Volkes stelle. Rudenz sieht ein, dass er falsch gehandelt hat, als er glaubte, ihr nur als Höfling der Österreicher gefallen zu können. Von jetzt an sieht er ihr gemeinsames Glück nur noch in seinem Vaterland, der Schweiz (V 1693; V 1697). Am Ende der Szene weiß er nicht, wie er – ohne sich zu schaden – seinen Sinneswandel den anderen erklären soll. Da fordert ihn Berta auf, sich rückhaltlos für seine Liebe und für die Freiheit dem gemeinsamen Feind mannhaft entgegen zu stellen.
Dazu hat er dann sofort in der nächsten Szene, der Apfelschussszene, Gelegenheit, wenn er in aller Öffentlichkeit Geßler wegen seines unmenschlichen Befehls, Tell solle auf sein eigenes Kind schießen, mutig zur Rede stellt und deutlich macht, dass er die Willkürherrschaft des Landvogts durchschaut habe und von nun an auf der Seite seines Volkes stehe (9). Am Totenbett seines Onkels, in der Szene IV,2, gelobt er feierlich, dessen Vision von der Freiheit der Schweizer Kantone weiterführen zu wollen und bittet die anwesenden Hauptpersonen des Rütli-Schwurs, ihm zu vertrauen. Nach anfänglichem Zögern schließlich tun sie dies, zumal sie erfahren, dass Berta von Geßler entführt worden sei. Als Rudenz dies

(1) In der Einleitung nennst du den Titel des Dramas und den Verfasser.
(2) Außerdem führst du möglichst kurz und knapp auf den zentralen Inhalt der Textstelle hin.

(3) Hier klärst du sachlich und knapp die zum Verständnis der Textstelle wichtigen Zusammenhänge und führst die zentrale Figur ein.

(4, 5) Gib an, was du im Folgenden machen wirst und deute in einem Kernsatz den zentralen Inhalt der Szene an.

(6) Bei der Darstellung der wichtigsten Inhalte des Dialogs musst du auf die Sprechhandlungen achten und sie treffend bezeichnen.
(7) Die zitierten Dialoge gibst du in indirekter Rede wieder, d.h. die Verbformen stehen im Konjunktiv I.

(8) Achte darauf, bei wichtigen inhaltlichen Zusammenhängen oder bei direkten Zitaten auf die entsprechenden Textstellen zu verweisen.

erfährt, ruft er dazu auf, sich sofort von der Tyrannei der Landvögte zu befreien. So erheben sich die Waldstätten erfolgreich gegen ihre Peiniger, befreien Berta und geben sich die Freiheit wieder. Unabhängig davon hat Tell Geßler erschossen und so wird in der letzten Szene nicht nur Tell als „Erretter" gefeiert, weil er mit seiner persönlichen Tat den Aufstand begann, sondern Rudenz und Berta versprechen sich einander und Rudenz gibt seinen Leibeigenen die Freiheit.

Für mich kommt der Sinneswandel Rudenz' in der Szene III.2 sehr plötzlich und wird nur allein durch die Liebe zu Berta motiviert. Es scheint so, als habe sich der Anführer der Befreiung mehr von seinen Gefühlen leiten lassen als von dem Willen, sein Volk von der Willkürherrschaft der Vögte zu befreien (10).

30 Minuten

(9) Verwende möglichst Satzgefüge, nicht einfach nur Satzreihen. Achte dabei auf einen sach- und sprachlogischen Zusammenhang deiner Darstellung, die du durch die Verwendung passender Adverbien und Konjunktionen erreichst (Dazu …, wenn …, und …, dass …, usw.).

(10) Bei der Äußerung deiner eigenen Meinung zum Text, die bei dieser Aufgabenart nur im Schlussteil deines Aufsatzes möglich ist, musst du deine Meinung auch begründen.

SELBSTBEWERTUNGSBOGEN:
MIT EINEM DRAMENTEXT UMGEHEN

Folgende Bewertungspunkte solltest du erfüllen: Du hast …	Höchstpunkt-zahl		Deiner Meinung nach erreichte Punktzahl
deinen Aufsatz • gedanklich und inhaltlich klar gegliedert, • deine Gliederung durch Absätze im Schriftbild deutlich gemacht.	4 4	**6**	
in der Einleitung • den Titel des Dramas und den Verfasser genannt, • kurz auf den zentralen Inhalt der Textstelle hingeführt.	2 4	**6**	
im ersten Teil des Hauptteils (s. Gliederung a-b) • die zentrale Figur des Rudenz' eingeführt, • dein weiteres Vorgehen im Hinblick auf die Aufgabenstellung angekündigt, • in einem Kernsatz den zentralen Inhalt der Szene treffend und knapp zusammengefasst.	4 2 6	**12**	
im zweiten Teil des Hauptteils (s. Gliederung c-d) • Rudenz' Absicht, Berta seine Liebe zu erklären, • Bertas Zurechtweisung und ihr Liebesgeständnis, • Rudenz' Einsicht und Wandlung, • Bertas Aufforderung, zu seiner Liebe und seinem Volk zu stehen, erfasst und richtig wiedergegeben, • die Sprechhandlungen der Dialogpartner erkannt und treffend benannt, • die Zitate sinnvoll und nachvollziehbar in deine Aussagen eingefügt, • auf wichtige Textstellen verwiesen, • die Folgen des Dialogs für die weitere Handlung dargestellt und dabei • umfassende und genaue Textkenntnis gezeigt.	3 3 3 3 4 2 2 8 4	**32**	

im Schluss • deine eigene Meinung zur Szene geäußert, • die Kritik am Verhalten Rudenz' in dieser Szene überzeugend begründet.	2 4	**6**	
Zwischensumme für die inhaltliche Darstellung		**62**	
bei der **sprachlichen Darstellung** • auf vollständige Sätze und abwechslungsreichen Satzbau geachtet, • mit Satzgefügen die Sachlichkeit deiner Ausführungen unterstrichen, • treffenden, abwechslungsreichen Ausdruck verwendet, • die wiedergegebenen Dialogteile korrekt in indirekter Rede wiedergegeben, • den Text deiner Textbeschreibung im Präsens verfasst, • die Regeln der Rechtschreibung beachtet, • auf richtige Zeichensetzung, auch bei Zitaten, • auf korrekte Grammatik geachtet.	3 3 2 2 2 2 2 2	**18**	
Summe insgesamt		**80**	

MEIN ERGEBNIS

Punkte	80–75	74–69	68–63	62–57	56–51	50–45	44–38	37–31	30–24	23–17	16–0
Note	1	1,5	2	2,5	3	3,5	4	4,5	5	5,5	6

Eine Werbeanzeige untersuchen und gestalten

05
LÖSUNGEN

TEIL 1: TEXT UND BILD

KA Seite 55

LÖSUNG ZU AUFGABE 2

Bildliche Gestaltungsmittel erkennen

a) Man sieht ein umgekipptes Tintenfass; die ausgeschüttete Tinte ergibt die Form des afrikanischen Kontinents.

Bewertung:
2 Punkte

b) Rechts unten ist das Logo des Kinderhilfswerks UNICEF abgebildet. Es besteht aus dem unterstrichenen Schriftzug sowie einem schematisch dargestellten Globus. Darin ist die Silhouette eines Erwachsenen und eines Kindes zu sehen. Der Globus wird von Lorbeerzweigen umrahmt.

Bewertung:
3 Punkte

LÖSUNG ZU AUFGABE 3

Größenverhältnisse erkennen

Die Abbildung nimmt fast die gesamte Seite ein. Der Textteil ist sehr klein gedruckt.
Auffälliger als der Text ist rechts unten das UNICEF-Logo.

Bewertung:
2 Punkte

LÖSUNG ZU AUFGABE 4

Sprachliche Gestaltungsmittel erkennen

Zu Beginn des kurzen Textes stehen zunächst zwei Aussagesätze, die die Schulsituation in Afrika knapp darstellen. Dann folgt ein Aufforderungssatz, der den Leser dazu bewegen soll, den Bau von Schulen zu unterstützen. Es folgt die Angabe des Spendenkontos sowie die Internetadresse.

Bewertung:
3 Punkte

TEIL 2:

INHALT UND AUFBAU DER ANZEIGE

LÖSUNG ZU AUFGABE 5

Aussageabsicht erkennen

a) Die Anzeige wirbt für Spenden für das Kinderhilfswerk.

Bewertung: *1 Punkt*

b) UNICEF will Schulen in Afrika bauen und benötigt dafür Gelder.

Bewertung: *1 Punkt*

LÖSUNG ZU AUFGABE 6

Das AIDA-Grundprinzip erkennen

Durch die Abbildung von Afrika als „Tintenpfütze“.

Bewertung: *1 Punkt*

LÖSUNG ZU AUFGABE 7

Das AIDA-Grundprinzip erkennen

Der Leser/Betrachter will wissen, was diese merkwürdige Abbildung zu bedeuten hat.

Bewertung: *1 Punkt*

LÖSUNG ZU AUFGABE 8

Das AIDA-Grundprinzip erkennen

Dem Kinderhilfswerk bei dem Bau von Schulen zu helfen.

Bewertung: *1 Punkt*

LÖSUNG ZU AUFGABE 9

Das AIDA-Grundprinzip erkennen

Durch die Angabe des Spendenkontos wird dazu aufgefordert, Geld zu überweisen.

Bewertung: *1 Punkt*

LÖSUNG ZU AUFGABE 10

Die Werbewirksamkeit einer Anzeige einschätzen

Pro:
Ich halte die Werbeanzeige für gelungen, weil man erst einmal genau hinschauen muss, um die Bedeutung zu verstehen. Das umgestürzte Tintenfass, welches eine Tintenpfütze in der Form von Afrika ergibt, weist auf das Anliegen der Anzeige hin, nämlich Geld für Schulen in Afrika zu spenden.

Kontra:
Ich halte die Werbeanzeige nicht für gelungen, weil man mehrmals hinschauen muss, um die Bedeutung zu verstehen. Das umgestürzte Tintenfass, welches eine Tintenpfütze in der Form von Afrika ergibt, deutet nur umständlich auf das Anliegen der Anzeige, nämlich Geld für Schulen in Afrika zu spenden, hin.

Bewertung:
Du hast deine Einschätzung genannt: 2 Punkte
Du hast deine Meinung mit dem Zusammenhang zwischen Form und Anliegen der Anzeige begründet: 2 Punkte

TEIL 3: EINE WERBEANZEIGE GESTALTEN

VORARBEITEN

Erinnere dich an das AIDA-Grundprinzip jeder Werbeanzeige:

A	(attention)	Aufmerksamkeit erwecken
I	(interest)	Interesse erwecken
D	(desire)	Wünsche erwecken
A	(action)	zur Handlung auffordern

LÖSUNG ZU AUFGABE 11

1. STOFFSAMMLUNG

- Werbewirksame Überschrift (z. B. Lautmalerei, Stabreim, Frage …)
- Direkte Ansprache der möglichen Interessenten/Zielgruppe (Aufforderung, rhetorische Fragen …)
- Wirkungsvolle Darstellung des Angebots (Verwendung von Adjektiven, Bildern …)
- Angabe von Ort und Zeit
- Aufforderung, den Flohmarkt zu besuchen

2. DER SCHREIBPLAN

- Die äußere Gestaltung festlegen: Schriftgrößen, Schriftart, Bilder
- Einen werbewirksamen Text mit allen notwendigen Inhalten formulieren
- Rechtschreibung und Zeichensetzung überprüfen

Die Werbeanzeige

Schöne Aussichten

Niemals wird Ihr Kind sitzen bleiben,
schlechte Noten haben
oder gar die Schule schwänzen.

Warum?

Weil es gar nicht zur Schule geht.
Es gibt nämlich keine.

Jedes dritte Kind in Afrika kann nicht lesen und schreiben lernen, weil es zu wenige Schulen gibt. Das Kinderhilfswerk **UNICEF** will helfen und Schulen bauen. Dazu braucht man Geld.

Und wir brauchen Ihren Sinn für

gute Schnäppchen!

Auf unserem Privat-Flohmarkt können Sie kostengünstige Geräte, Spiele und Medien erwerben. Wir bieten

› unterhaltsame DVDs, CDs, Computerspiele
› gut erhaltene Bücher
› aufregende Spiele, herausfordernde Puzzles
› funktionsfähige Waschmaschine, Mikrowelle
› Schwarz-Weiß-Fernseher,
› todsichere Radiowecker … und vieles mehr …

Der gesamte Erlös geht an das Kinderhilfswerk UNICEF.
Helfen Sie uns, UNICEF zu helfen!

Familie Klausen erwartet Sie.

Wo? Parkplatz Eichhörnchenweg 5, 90053 Würzburg, Familie Klausen
Wann? Samstag, 18. Juli 2009 (von 10.00 – 16.00)

SELBSTBEWERTUNGSBOGEN:

EINE WERBEANZEIGE UNTERSUCHEN UND GESTALTEN

Folgende Bewertungspunkte solltest du erfüllen: Du hast...	Hochstpunkt- zahl		Deiner Meinung nach erreichte Punktzahl
die Fragen in Aufgabe 2 bis 9 bearbeitet und im Lösungsteil überprüft, ob deine Antworten richtig sind.	16	**16**	
zu Aufgabe 10 eine gut formulierte und begründete Wertung geschrieben.	4	**4**	
in deinem Entwurf für den Flyer alle notwendigen Angaben erwähnt.	6	**6**	
eine Überschrift für den Flyer gefunden, die die Aufmerksamkeit weckt.	4	**4**	
im Text geschickte Formulierungen gewählt, um • das Interesse des Lesers zu wecken, • das Angebot vorteilhaft zu präsentieren, • den Leser zur Handlung aufzurufen.	 4 4 4	**12**	
den Text grafisch abwechslungsreich gestaltet: • mit verschiedenen Schriftarten, • unterschiedlichen Schriftgrößen, • unterschiedlicher Anordnung der Textblöcke.	 2 2 2	**6**	
das AIDA-Prinzip umgesetzt.	4	**4**	
keine Rechtschreibfehler gemacht.	4	**4**	
keine Grammatikfehler gemacht.	4	**4**	
Summe insgesamt		**60**	

MEIN ERGEBNIS

Punkte	60–56	55–51	50–46	45–41	40–36	35–31	30–26	25–21	20–16	15–11	10–0
Note	1	1,5	2	2,5	3	3,5	4	4,5	5	5,5	6

Textverständnis: Einen Sachtext erschließen, Sprachkompetenz und Grammatikkenntnisse überprüfen

06

LÖSUNGEN

KA Seite 60

TEIL 1: TEXTE LESEN UND VERSTEHEN

LÖSUNG ZU AUFGABE 1

Die deutsche Entsprechung für Fremdwörter finden

a) Verbindung, Vermittlung
b) gereizt, feindselig
c) sich entspannen

Bewertung:
3 Punkte

LÖSUNG ZU AUFGABE 2

Passende Definitionen finden

a) Ein Chatroom ist eine Internetseite, auf der man sich in schriftlicher Form mit anderen online unterhalten kann.
b) Bei der Erdatmosphäre handelt es sich um die Lufthülle der Erde.
c) Eine Tastatur ist der Teil des Computers, mit dem man Texte eingibt oder Befehle erteilt.

Bewertung:
3 Punkte

LÖSUNG ZU AUFGABE 3

Formulierungen erklären

a) Man träumt oder ist geistesabwesend.
b) Man hat nichts zu tun oder langweilt sich.
c) etwas schaffen, eine schwierige Lage bewältigen

Bewertung:
3 Punkte

TEIL 2: TEXTZUSAMMENFASSUNG / TEXTGLIEDERUNG

LÖSUNG ZU AUFGABE 4

Sinnabschnitte zusammenfassen

1) Kevin verbringt den gesamten Nachmittag vor dem Computer.
2) Er unterhält sich in den Chatrooms.
3) Er betrachtet Videos.
4) Er bearbeitet Mails.
5) Er spielt Computerspiele.
6) Beim Abendessen mit der Familie ist er müde und kurz angebunden.
7) Die Eltern haben eingegriffen und Regeln aufgestellt.
8) Viele andere Jugendliche werden allein gelassen.

Bewertung:
8 Punkte

LÖSUNG ZU AUFGABE 5

Textzusammenfassung

Der Text handelt von dem 15-jährigen Sohn der Verfasserin, der nach der Schule seinen Nachmittag vor dem Computer verbrachte. Dort besuchte er Chatrooms, betrachtete Videos, bearbeitete Mails und spielte Computerspiele. Mit der Familie pflegte er nur wenig Kontakt.
Erst nachdem die Eltern Maßnahmen gegen diese einseitige Beschäftigung ergriffen hatten, konnte er vor der Internetsucht gerettet werden.

Bewertung:
4 Punkte

LÖSUNG ZU AUFGABE 6

Funktion von Einleitung, Hauptteil und Schluss erkennen

a) Die Verfasserin stellt ihren Sohn vor.
b) Sie beschreibt seine Computer- bzw. Internet-Sucht.
c) Der Schluss macht darauf aufmerksam, dass vielen Jugendlichen nicht geholfen wird.

Bewertung:
3 Punkte

TEIL 3: TEXTANALYSE

LÖSUNG ZU AUFGABE 7

Aussageabsicht erkennen

Die Verfasserin möchte auf die Gefahren des Internet-Gebrauchs bei Jugendlichen hinweisen.

Bewertung:
1 Punkt

LÖSUNG ZU AUFGABE 8

Textaussage erkennen

Es ist ein Mischtext. Zum Teil wird das Verhalten des Sohnes ironisch und auch besorgt beschrieben und kommentiert, am Ende wird jedoch ein indirekter Appell an andere Eltern formuliert.

Bewertung:
2 Punkte

LÖSUNG ZU AUFGABE 9

Sprachliche Merkmale benennen

1) Umgangssprache: Spagetti „verdrücken", Stunden später wieder „aufschlagen"
2) Fragen: „Worüber unterhält man sich denn so? Über den Schulvormittag?"
3) Ironie: „gehaltvolle Unterhaltungen", „Sehr komisch"

Bewertung:
3 Punkte

LÖSUNG ZU AUFGABE 10

Sprachliche Vergleiche einordnen

Kevin lebt in einer Welt, die nichts mit der irdischen Realität zu tun hat und die, wie das Weltall, eigenen Gesetzen unterliegt. Kevin ist vor seinem Computer auch ähnlich allein wie ein Raumfahrer.

Bewertung:
2 Punkte

TEIL 4: GRAMMATIKKENNTNISSE ÜBERPRÜFEN

LÖSUNG ZU AUFGABE 11

In die indirekte Rede umformen

a) Die Mutter fragt sich, ob Kevin jetzt wohl Hausaufgaben mache.
b) Sie will wissen, ob er sich ein Mittagsschläfchen gönne.
c) Kevin antwortet, dass Mathe ziemlich schwer gewesen sei.
d) Die Eltern erkundigen sich beim Berater, ob sie jetzt eingreifen müssten.
e) Sie teilen Kevin mit, dass sie jetzt einen Vertrag machen würden.

Bewertung:
5 Punkte

LÖSUNG ZU AUFGABE 12

Satzgefüge mit Adverbialsätzen bilden

a) Nachdem Kevin von der Schule nach Hause kommt, isst er noch das Mittagessen in der Küche.
b) Obwohl es still in seinem Zimmer ist, macht er keine Hausaufgaben.
c) Mit Kevin ist kein Gespräch mehr möglich, weil er sich nur noch mit seinem Computer beschäftigt.
d) Er kann mit seinen Freunden plaudern, indem er sich in den Chatroom einloggt.
e) Die Eltern haben einen Vertrag mit Kevin gemacht, um klare Regeln für die Internet-Nutzung aufzustellen.

Bewertung:
5 Punkte

MEIN ERGEBNIS

Punkte	42–39	38–35	34–31	30–27	26–23	22–19	18–15	14–11	10–7	6–3	2–0
Note	1	1,5	2	2,5	3	3,5	4	4,5	5	5,5	6

Einen Sachtext untersuchen

07

LÖSUNGEN

KA Seite 70

VORARBEITEN

1) **Überblick verschaffen:**
Vor dem ersten genauen Lesen solltest du dir einen Überblick verschaffen, damit du weißt, worum es überhaupt geht. Überfliege kurz den Text und achte besonders auf die Überschrift.

2) **Lesen und markieren:**
Lies den Text mindestens zweimal gründlich. Streiche an, was dir auffällt, z. B. inhaltliche Zusammenhänge, Kernaussagen, unklare Begriffe usw.

3) **Unverständliches klären:**
Kläre die Zusammenhänge oder Begriffe, bei denen du dir unsicher bist. Oft gibt der Text selbst Erklärungen, Begriffe kannst du möglicherweise durch Analogien oder mit Hilfe eines Wörterbuchs (wenn du ein solches verwenden darfst) erschließen.

4) **Sinnabschnitte finden:**
Schau dir den Aufbau des Textes an und gliedere diesen in Sinnabschnitte.

5) **Kerninformationen entnehmen:**
Entnimm den einzelnen Sinnabschnitten die wichtigsten Informationen. Diese kannst du farbig anstreichen oder stichwortartig herausschreiben.

6) **Schreibplan erstellen:**
Gliedere deinen Aufsatz in drei Teile: Einleitung, Hauptteil und Schluss und ordne diesen deine gesammelten Informationen zu.

10 Minuten

DER SCHREIBPLAN

Einleitung:

- Sachtext von Jörn Auf dem Kampe
- erschienen in GEOkompakt im September 2007
- Saguaro-Kakteen in Arizona in ihrem Bestand gefährdet

Hauptteil:

- Schreibanlass: Verheerender Brand in der Sonora-Wüste im Juni 2005
- Abfolge der dargestellten Ereignisse:
  - Schilderung des Brands
  - Schilderung des Eingreifens des Biologen Todd Willard
  - Einschub: Die Saguaros als Wahrzeichen Arizonas
  - Die Kakteen der Sonora-Wüste nach dem Brand
  - Weitere Bedrohungen der Kakteen-Bestände
- Art der Darstellung: Reportage

Schluss:

- Autor macht darauf aufmerksam, dass die Kakteen auch durch den Menschen gefährdet sind.

10 Minuten

TIPP

In der Einleitung nennst du den Autor und die Herkunft des Textes und fasst den Inhalt in ein bis zwei Sätzen zusammen.

TIPP

Im Hauptteil gehst du genau auf den Inhalt des Textes ein und klärst die folgenden Fragen:
- Was ist der Schreibanlass?
- In welchen gedanklichen Schritten entwickelt sich die Darstellung?
- Wie versucht der Autor seine Ausführungen zu verdeutlichen?

TIPP

Im Schluss legst du die Aussageabsicht (Intention) des Autors dar.

Hinweise zum Schreiben des Aufsatzes

1) Bei der Erschließung eines Sachtextes ist es wichtig, dass du die Informationen richtig wiedergibst, dich dabei aber kurz fasst und auf das Wesentliche beschränkst.
2) Verwende eine sachliche, berichtende Sprache. Finde eigene Worte, orientiere dich nicht an der Sprache des vorliegenden Textes.
3) Wörtliche Rede gibst du in indirekter Rede oder als Zusammenfassung wieder.
4) Schreibe im Präsens, außer bei Vorgängen, die in der Vergangenheit abgeschlossen sind; diese gibst du in der Vergangenheitsform wieder.
5) Achte auf eine zusammenhängende Darstellung und vermeide Wortwiederholungen und Rechtschreibfehler.

AUFSATZ

Untersuchung des Textes „Kakteen: Festungen des Lebens" (1)

In seinem Artikel „Kakteen: Festungen des Lebens", erschienen in Geo-Kompakt vom September 2007, beschreibt Jörn Auf dem Kampe die gefährdete Existenz der Saguaro-Kakteen in der Sonora-Wüste nahe Phoenix (Arizona). (2)

Der verheerende Brand im Juni 2005, dem ganze Kakteenfelder zum Opfer gefallen sind, war für den Autor Anlass, sich mit der Sonora-Wüste und den dort vorkommenden Saguaros zu beschäftigen. (3)
Der Artikel ist in fünf Abschnitte gegliedert: Im ersten Abschnitt entwirft der Autor ein Stimmungsbild vom Nachmittag des 21. Juni 2005, dem Tag, an dem der Brand ausgebrochen ist. Er erzählt aus der Perspektive des Biologen Todd Willard, der vom Humboldt Mountain aus die Lage beobachtet und ihre Auswirkungen einzuschätzen versucht. Im zweiten Abschnitt berichtet er von den fast vierwöchigen Versuchen der Feuerwehrleute, den Brand einzudämmen. Der dritte Abschnitt gibt – als Einschub gestaltet – Informationen über die Saguaros. Beschrieben wird ihr Aussehen, ihre Funktion als Wahrzeichen und ihr Zustand nach der Brandkatastrophe. Im vierten Abschnitt berichtet der Autor unter Verwendung von Aussagen Todd Willards über ein von diesem initiierten Forschungsprojekt zur Erforschung der Widerstandsfähigkeit der Kakteen. Im fünften und letzten Abschnitt berichtet Auf dem Kampe von den Gefahren, denen die Saguaros durch die Menschen ausgesetzt sind: Von der mutwilligen Zerstörung der Kakteen, von ihrer Verwendung als Sammlertrophäen oder als lukrative Schwarzmarktware. Als Hauptgefahr für den Bestand der Saguaros nennt er die Ausdehnung der menschlichen Ansiedlungen, insbesondere der Metropolen Phoenix und Tuscon. (4)

Der Text von Jörn Auf dem Kampe ist für eine Zeitschrift verfasst und zeigt deutliche Zeichen einer Reportage. Der Einstieg erfolgt über ein konkretes Ereignis, den Brand von 2005. Das Tun der Beteiligten wird quasi aus nächster Nähe betrachtet, dazu tragen auch die eingefügten Anteile von wörtlicher Rede bei. Daneben zeigt der Artikel auch Elemente eines Sachtextes, z.B. die genaue Be-schreibung der Kakteen und ihrer Lebensumstände. (5)

Am Ende des Textes wird die Aussageabsicht des Autors deutlich: Sein Artikel will nicht nur Interesse für diese besonderen Kakteen wecken, sondern auch dafür sensibilisieren, dass der Fortbestand dieser Art vom verantwortungsvollen Verhalten der Menschen abhängig ist. (6)

⏲ 25 Minuten

(1) Die Überschrift einer Textuntersuchung muss immer sachlich sein.

(2) Gib in der Einleitung genaue Informationen über den Text. Nenne Titel, Autor und den Erscheinungsort. Fasse die Thematik des Textes in aller Kürze zusammen.

(3) Wenn dir der Schreibanlass bekannt ist, nennst du ihn zu Beginn des Hauptteils.

(4) Bei jeder Untersuchung eines Sachtextes ist es notwendig, dass du den Inhalt zusammenfasst. Eine strukturierte Zusammenfassung, gegliedert nach Sinnabschnitten, bietet sich bei dem vorliegenden Text an.

(5) Zur Untersuchung eines Sachtextes gehört es auch, sich zu seiner „Machart" zu äußern. Da es sich hier um eine Reportage handelt, müssen die entsprechenden Kennzeichen in Kürze herausgearbeitet werden.

(6) Die Aufgabenstellung verlangt, dass du dich zur Intention des Autors äußerst. Dafür eignet sich der Schlussteil deines Aufsatzes.

SELBSTBEWERTUNGSBOGEN: EINEN SACHTEXT UNTERSUCHEN

Folgende Bewertungspunkte solltest du erfüllen: Du hast …	Höchstpunktzahl		Deiner Meinung nach erreichte Punktzahl
die Textuntersuchung • in einem zusammenhängenden Text verfasst, • klar in Einleitung, Hauptteil und Schluss gegliedert.	6 je 2 Punkte	**12**	
eine passende Überschrift gewählt.	4	**4**	
durchgehend Sachstil verwendet.	8	**8**	
in der Einleitung • die wichtigsten Informationen zum Text genannt, • das Thema kurz vorgestellt.	4 4	**8**	
im Hauptteil • den Schreibanlass genannt, • die gedanklichen Schritte der Darstellung herausgearbeitet und • ihren Inhalt strukturiert zusammengefasst, • erkannt, dass es sich um eine Reportage handelt.	4 6 12 6	**28**	
im Schluss die Autorintention genau getroffen.	6	**6**	
Zwischensumme für die inhaltliche Darstellung		**66**	
Bei der **sprachlichen Darstellung** hast du: • auf vollständige Sätze und abwechslungsreichen Satzbau geachtet, • treffende Verben und Adjektive verwendet, • wörtliche Rede in indirekter Rede oder als Zusammenfassung wiedergegeben, • auf korrekte Rechtschreibung, • die korrekte Grammatik und Zeichensetzung geachtet, • im Präsens geschrieben.	3 2 3 2 2 2	**14**	
Summe insgesamt		**80**	

MEIN ERGEBNIS

Punkte	80–75	74–69	68–63	62–57	56–51	50–45	44–38	37–31	30–24	23–17	16–0
Note	1	1,5	2	2,5	3	3,5	4	4,5	5	5,5	6

Eine begründete Stellungnahme schreiben

08

LÖSUNGEN

KA Seite 72

VORARBEITEN

1) Lies das Thema genau, damit du in deinem Leserbrief in die richtige Richtung argumentierst (du sollst dich **für** den Gebrauch von Handys aussprechen!).
2) Sammle mithilfe einer Mindmap oder Stichwortsammlung treffende Argumente, mit denen du die Leser überzeugen kannst.
3) Ordne deine Argumente in der richtigen Reihenfolge an: vom schwächsten zum stärksten Argument aufsteigend.
4) Finde zu jedem Argument ein konkretes Beispiel.
5) Erstelle einen Schreibplan zu deinem Aufsatz.

1. ARGUMENTE SAMMELN

Für das Handy in der Schule spricht:
die Schüler können in der Pause spielen und sich erholen – sie können das Handy als Uhr nützen – sie können die Eltern informieren – ein Verbot hilft nicht – man kann schnell Hilfe holen

2. ARGUMENTE ORDNEN UND BEISPIELE FINDEN

- ein Verbot hilft nicht
- die Schüler können in der Pause spielen (z. B. um sich zu entspannen)
- sie können das Handy als Uhr nützen (z. B. bei Klassenarbeiten)
- sie können die Eltern informieren (z. B. bei früherem Schulschluss)
- man kann schnell Hilfe holen (z. B. bei Gefahren auf dem Schulweg)

15 Minuten

3. DER SCHREIBPLAN

Einleitung:
Diskussion in der Schülerschaft über das Handyverbot in der Schule

Hauptteil:
Argumente gegen das Handyverbot in der Schule

1) Missbrauch kann nicht durch ein Verbot verhindert werden
2) Entspannung in den Pausen
3) Nützliches Hilfsmittel: Kalender und Uhr
4) Schnelle Information für die Eltern bei früherem Unterrichtsende
5) Sicherheitsaspekt auf dem Schulweg

TIPP

Entfalte im Hauptteil deine Argumente nach dem Schema:
Behauptung – Begründung – Beispiel.
Achte dabei auf eine sinnvolle Verknüpfung der Argumente (Überleitungen!).

Schluss:
Nützlichkeit des Handys in der Schule

5 Minuten

TIPP

Stelle im Schluss das Ergebnis deiner Überlegungen noch einmal deutlich heraus.

HINWEISE ZUM SCHREIBEN DES AUFSATZES

1) Schreibe sachlich und verwende, wo es nötig ist, Fachbegriffe.
2) Schreibe im Präsens.

AUFSATZ

Immer mit Handy!

Da die Redakteure unserer Schülerzeitung zu einer Diskussion über das Handy in der Schule aufgerufen haben, will ich mich jetzt auch mal zu Wort melden. (1)

(1) Am Anfang des Leserbriefs nennst du kurz den Grund oder Anlass für dein Schreiben, damit der Zusammenhang klar wird.

Eigentlich verstehe ich die ganze Aufregung nicht so recht. Heutzutage ist doch üblich, dass jeder ein Handy hat, auch wir Schüler. Und wer geht schon ohne Handy aus dem Haus? Niemand!
Unsere Direktorin argumentiert, dass mit dem Handy in der Schule Missbrauch getrieben würde. (2) Doch was kann man schon anstellen? Man kann sich doch nicht während der Klassenarbeit die Matheergebnisse durchgeben. Man kann vielleicht einzelne Lehrer fotografieren, aber das machen ja nur einige. Und wenn es die Lehrer merken, gibt es sowieso eine Strafe. Dazu braucht man das Handy nicht grundsätzlich zu verbieten.
Ich bin dafür, dass jeder sein Handy mitbringen darf, da es auch in der Schule gute Dienste leisten kann. (3) So können wir Schüler in den Pausen Spiele machen oder Musik hören. Das dient der Entspannung und dafür sind die Pausen schließlich da. Außerdem sind Handys wirklich nützlich (4): Man hat seinen Kalender immer bei sich und weil viele Schüler gar keine Armbanduhr besitzen, sind sie auf die Uhr im Handy angewiesen – besonders während der Klassenarbeiten.
Besonders für die jüngeren Schüler ist das Handy wichtig, z. B. wenn früher Unterrichtsschluss ist, die Schulbusse nicht fahren und sie abgeholt werden müssen. (5) Früher standen sie dann in Schlangen am öffentlichen Fernsprecher in der Aula an (wenn dieser nicht mal wieder kaputt war!), heute können sie das Handy benutzen.
Und zum Schluss noch ein ganz wichtiger Grund, warum das Handy in der Schule erlaubt sein sollte: Vor allem im Herbst und im Winter ist es morgens und abends dunkel, wenn die Schüler sich auf dem Schulweg befinden. Wer weiß, von wem man da angeredet wird. Besonders für uns Mädchen dient das Handy in so einer Situation der Sicherheit, weil man schnell Hilfe holen kann, wenn man in Gefahr gerät. (6)

(2) Hier wird kurz ein Gegenargument an-gesprochen, das im weiteren Verlauf immer mehr ausgeräumt wird.

(3 – 6) Im Hauptteil werden nun die eigenen Argumente entfaltet, die im Schreibplan unter den Nummern 2 bis 5 skizziert sind.

Alles in allem finde ich die Aufregung um das Handy in der Schule völlig überflüssig. Wenn jeder ordentlich damit umgeht, hat niemand einen Schaden davon und es kann doch in vielen Situationen nützen. Und wenn jemand Blödsinn damit macht, greifen sowieso die Lehrer ein. (7)

(7) Im Schlussteil legst du deine eigene Meinung noch einmal deutlich dar und fasst das bisher Gesagte zusammen.

🕒 25 Minuten

SELBSTBEWERTUNGSBOGEN:
EINE BEGRÜNDETE STELLUNGNAHME SCHREIBEN

Folgende Bewertungspunkte solltest du erfüllen: Du hast ...	Höchstpunkt-zahl		Deiner Meinung nach erreichte Punktzahl
die begründete Stellungnahme • in einem zusammenhängenden Text verfasst, • in Einleitung, Hauptteil und Schluss gegliedert.	6 6		
durchgehend auf das Thema bezogen geschrieben.	8		
das Argumentationsschema (Behauptung – Begründung – Beispiel) sinnvoll angewandt.	10		
in der Einleitung • den Schreibanlass genannt, • zum Hauptteil hingeführt.	4 4		
im Hauptteil • treffende Argumente vorgebracht, • die Argumente vom schwächsten zum wichtigsten geordnet angeführt, • die Argumente in einen schlüssigen Zusammenhang gebracht, • die Argumente sinnvoll mit Überleitungen verknüpft.	6 6 6 6	**24**	
im Schluss dein Ergebnis klar herausgearbeitet.	4	**4**	
Zwischensumme für die inhaltliche Darstellung		**66**	

Bei der **sprachlichen Darstellung** hast du • auf vollständige Sätze und abwechslungsreichen Satzbau geachtet, • passende Konjunktionen für gelungene sprachliche Überleitungen gefunden, • auf die wichtigsten Regeln der Rechtschreibung, • die korrekte Grammatik und Zeichensetzung geachtet, • im passenden Tempus (Präsens) geschrieben.	3 3 3 3 3	**14**	
Summe insgesamt		**80**	

MEIN ERGEBNIS

Punkte	80–75	74–69	68–63	62–57	56–51	50–45	44–38	37–31	30–24	23–17	16–0
Note	1	1,5	2	2,5	3	3,5	4	4,5	5	5,5	6

Einen literarischen Text zusammenfassen

09

LÖSUNGEN

KA Seite 73

VORARBEITEN

1) Lies den Text mehrmals gründlich, am besten mit Stift, und verschaffe dir Klarheit über folgende Fragen:
   - **Worum** geht es in dem Text?
   - **Welche** Personen kommen vor oder werden genannt?
   - **Wo** und **wann** spielt die Handlung?

2) Halte dann in einem Schreibplan die wichtigsten Erzählschritte fest.

DER SCHREIBPLAN

Einleitung (Basissatz):
- Autor: Per Nilsson, Titel: Saras Brieftasche
- Textsorte: Auszug aus dem Jugendroman Du & du & du
- Handlungskern: Anon hat die Brieftasche eines Mädchens mit Namen Sara gefunden, hat sich in dieses verliebt und traut sich deshalb nicht, Sara die Geldbörse zurückzubringen.

TIPP

In der Einleitung nennst du Autor, Titel und Textsorte und gibst die Kernaussage des Textes wieder.

Hauptteil:
- Anon betrachtet die Brieftasche, die er vor der Mutter verbirgt, als diese abends in sein Zimmer kommt.
- Nachdem die Mutter gegangen ist, nimmt er sich die Brieftasche erneut vor und untersucht ihren Inhalt.
- Er wirft das Bild weg, von dem er glaubt, dass es Saras Bruder zeigt.
- Er verschiebt die Rückgabe der Brieftasche auf später, weil er sich auf dieses Treffen vorbereiten will.
- Dann malt er sich das Zusammentreffen mit Sara aus, das im gegenseitigen Verlieben und in einer Verabredung enden soll.
- Vor dem Einschlafen sieht Anon diesem Zusammentreffen halb freudig, halb unsicher entgegen.

TIPP

Im Hauptteil fasst du die wesentlichen Handlungsschritte des Textes in eigenen Worten zusammen. Kürze hier, besonders bei längeren Handlungsabläufen, aber achte auf den richtigen zeitlichen Ablauf des Geschehens.

TIPP

Bei der Inhaltsangabe benötigst du keinen besonderen Schluss. Trotzdem kannst du im letzten Satz eine kurze Schluss-folgerung ziehen.

20 Minuten

HINWEISE ZUM SCHREIBEN DES AUFSATZES

1) Verwende Sachsprache und vermeide unbedingt Verben und Adjektive, die Spannung erzeugen.
2) Wertungen und deine eigene Meinung gehören nicht in die Inhaltsangabe.
3) Verwende Satzgefüge (Hypotaxen) statt Satzreihen (Parataxen).

AUFSATZ

Zusammenfassung des Romanauszugs „Saras Brieftasche“ (1)

Per Nilsson erzählt in „Saras Brieftasche“, einem Auszug aus seinem Roman „Du & du & du“, von dem Jungen Anon, der die Brieftasche eines Mädchens mit Namen Sara gefunden hat, sich in dieses verliebt und sich deshalb nicht traut, ihr die Geldbörse zurückzubringen. (2)

Anon sitzt an seinem Schreibtisch und betrachtet dabei wohl die gefundene Brieftasche, als sein Mutter zu ihm ins Zimmer will, um gute Nacht zu sagen. Er muss seiner Mutter erst von innen aufsperren, was diese zuerst irritiert, sie dann aber ihrem Sohn zugesteht. Als die Mutter wieder weg ist, schließt er sein Zimmer wieder ab und holt die zwischenzeitlich in der Schublade versteckte Geldbörse erneut hervor. (3) Anon versinkt nun in seinen Gedanken über den Inhalt der Brieftasche und ihre Besitzerin: Er erinnert sich, wie er die Brieftasche gefunden hat und beschäftigt sich nicht zum ersten Mal mit ihrem Inhalt. Er betrachtet die Bibliothekskarte, zwei Quittungen und das Foto eines Jungen. Er überlegt, ob es sich um Saras Bruder handeln könne, und weil ihm der Junge unsympathisch ist, zerreißt er das Bild und spült es die Toilette hinunter. Dann gleiten seine Gedanken zu Sara, von der er nicht weiß, wie sie aussieht, deren Name er aber der Bibliothekskarte entnommen hat. Er zögert, ihr die Geldbörse zurückzubringen, obwohl er ihre Adresse kennt. Er möchte sich auf dieses Zusammentreffen gut vorbereiten und malt es sich jetzt schon aus: Sara wird ihn zu sich in die Wohnung bitten, sie werden Rosinenschnecken essen, sich ineinander verlieben und für den nächsten Tag verabreden. (4)

Bevor Anon einschläft, küsst er Saras Bibliothekskarte. Er weiß nicht, wie das irgendwann bevorstehende Treffen ausgehen wird und sieht ihm mit einer Mischung aus Vorfreude und banger Erwartung entgegen. (5)

🕓 25 Minuten

(1) Die Überschrift einer Textzusammenfassung musst du sachlich formulieren.

(2) In der Einleitung klärst du den Zusammenhang:

(3) Verwende Satzgefüge (Hypotaxen), sie sind ein Kennzeichen des hier geforderten Sachstils.

(4) Ausführliche Handlungsteile, die Spannung oder Gefühle ausdrücken, streichst du auf ihre Kernaussage zusammen.

(5) Da die Aufgabenstellung nur die Wiedergabe des Textinhalts fordert, kann der Schluss ganz kurz sein.

SELBSTBEWERTUNGSBOGEN:
EINEN LITERARISCHEN TEXT ZUSAMMENFASSEN

Folgende Bewertungspunkte sollltest du erfüllen: Du hast …	Höchstpunktzahl		Deiner Meinung nach erreichte Punktzahl
die Textzusammenfassung • in einem zusammenhängenden Text verfasst, • gedanklich klar gegliedert.	 4 4	**8**	
der Textzusammenfassung eine passende Überschrift gegeben.	4	**4**	
im Basissatz (Einleitung) • Autor, • Titel und • Textsorte genannt, • den Handlungskern prägnant herausgearbeitet.	 2 2 2 6	**12**	
im Hauptteil • die wesentlichen Handlungsschritte erfasst, • längere Handlungsabläufe angemessen gekürzt, • die Handlung in logisch verständlichen Schritten wiedergegeben, • Spannung vermieden.	 4 6 6 4	**20**	
die Textzusammenfassung • mit eigenen Worten verfasst, dich dabei aber genau an die Vorlage gehalten, • durchgehend im Sachstil geschrieben, • Hypotaxen und logische Satzverknüpfungen verwendet, • eigene Wertungen und Meinungen vermieden.	 6 6 6 4	**22**	
Zwischensumme für die inhaltliche Darstellung		**66**	

bei der **sprachlichen Darstellung** • auf vollständige Sätze und abwechslungsreichen Satzbau geachtet, • wörtliche Rede in indirekter Rede oder als Zusammenfassung wiedergegeben, • auf die wichtigsten Regeln der Rechtschreibung, • die korrekte Grammatik und Zeichensetzung geachtet, • im passenden Tempus (Präsens) geschrieben.	2 4 3 3 2	**14**	
Summe insgesamt		**80**	

MEIN ERGEBNIS

Punkte	80–75	74–69	68–63	62–57	56–51	50–45	44–38	37–31	30–24	23–17	16–0
Note	1	1,5	2	2,5	3	3,5	4	4,5	5	5,5	6

Eine literarische Person charakterisieren

10

LÖSUNGEN

KA Seite 77

VORARBEITEN

1) Lies den Text genau, am besten mehrmals, und markiere dabei alle Stellen, in denen Achims Äußeres beschrieben oder sein Wesen charakterisiert wird.

2) Fasse dann deine Beobachtungen in Form einer Stoffsammlung zusammen und sortiere sie nach Oberbegriffen:

    - die äußere Erscheinung der Person
    - ihre Lebensumstände
    - ihr Verhältnis zu den Mitmenschen
    - das Denken und Handeln der Person

3) Erstelle dann mit Hilfe der Oberbegriffe einen Schreibplan.

1. DIE STOFFSAMMLUNG

Die äußere Erscheinung von Achim
- „lang, knochig, graue Augen im blassen Gesicht, hellbraune Haare, glanzlos" (Z. 15 – 17)
- „farbloses Gesicht" (Z. 45 – 46)

Seine Lebensumstände
- Eintönigkeit, Langeweile: „Achim wandte sich ab, erhob sich, ging zum Fenster und schaute hinaus. Straßen, Häuser, Läden, Autos, Passanten, immer dasselbe." (Z. 20 – 22)
- Musik gibt ihm Halt: „Eine halbe Körperdrehung nach rechts, ein Fingerdruck auf den Einschaltknopf seiner Anlage. Manchmal brachte Musik ihn hoch." (Z. 11 – 13)
- Bei seinen Freunden weiß er sich unter Gleichgesinnten: „Er wollte runtergehen und irgendwo seine Leute treffen." (Z. 55 – 56)

Sein Verhältnis zu den Mitmenschen
- Aussagen anderer (der Eltern?): „Du kannst nichts", sagten sie, „du machst nichts", „aus dir wird nichts." (Z. 1 – 2)

Das Denken und Handeln von Achim

- Selbstzweifel: „Du kannst nichts", sagten sie, „du machst nichts", „aus dir wird nichts." Nichts. Nichts. Nichts.
  Was war das für ein NICHTS, von dem sie redeten und vor dem sie offensichtlich Angst hatten, fragte sich Achim, unter Decken und Kissen vergraben." (Z. 1–5)
- Zweifel am Sinn seines Lebens: „Ein unbeschriebenes Blatt Papier, ein ungemaltes Bild, eine tonlose Melodie, ein ungesagtes Wort, ungelebtes Leben." (Z. 9–10)
- Songtext, in dem er sich wiederfindet: „Weil sie dich verplant haben, kannst du nichts anderes tun als aussteigen und nachdenken." (Z. 17–19)
- Sinnsuche, Suche nach einem anderen Ich: Z. 33–40.
- Enttäuschung, Unzufriedenheit mit sich selbst; Achim erträgt sich selbst nicht: „Er trat einen Schritt zurück, holte mit dem Arm weit aus und ließ seine Faust in die Spiegelscheibe krachen." (Z. 48–50).

2. DER SCHREIBPLAN

Einleitung:

- Achim als zentrale Figur der Kurzgeschichte „Im Spiegel" von Margret Steenfatt

Hauptteil:

Charakterisierung von Achim

- seine äußere Erscheinung
- Achims Lebensumstände
- Verhältnis Achims zu seinen Mitmenschen
- Achims Denken und Handeln

Schluss:

- Achim als Jugendlicher auf der Suche nach sich selbst

30 Minuten

TIPP

Nenne in der Einleitung Autor und Titel der Textvorlage und beschreibe kurz die Situation der Person, die du charakterisieren sollst.

TIPP

Gliedere den Hauptteil nach den Oberbegriffen deines Schreibplans. Veranschauliche deine Darstellung durch direkte oder indirekte Textzitate

TIPP

Gib im Schlussteil eine zusammenfassende Bewertung ab.

HINWEISE ZUM SCHREIBEN DES AUFSATZES

1) Schreibe aus der Sicht eines außenstehenden Beobachters.
2) Schreibe im Sachstil, verwende Hypotaxen (Satzgefüge) und Fachbegriffe.
3) Schreibe im Präsens.

AUFSATZ

Charakterisierung Achims

Margret Steenfatt beschreibt in ihrer Kurzgeschichte „Im Spiegel" eine Situation aus dem Leben Achims, die zeigt, dass der Jugendliche mit sich und seinem Leben unzufrieden ist. (1)

Auf die äußere Beschreibung Achims legt die Autorin kein besonderes Gewicht. Der Leser erfährt lediglich einige Merkmale, als sich der Junge selbst beschreibt: „lang, knochig, graue Augen im blassen Gesicht, hellbraune Haare, glanzlos" (Z. 15 – 17). Später ist noch von seinem „farblosen Gesicht" die Rede (Z. 45 – 46). (2)
Auch die Lebensumstände des Jungen werden nur ansatzweise skizziert. Man erfährt, dass es ihm langweilig ist („Achim wandte sich ab, erhob sich, ging zum Fenster und schaute hinaus. Straßen, Häuser, Läden, Autos, Passanten, immer dasselbe."; Z. 20 – 22), aber nicht, ob er Schüler ist und gerade Ferien hat oder ob er arbeitslos ist. Die Musik scheint ihm Halt zu geben, der genannte Song der ‚Dead Kennedys' scheint sein Lebensmotto auszudrücken: „Weil sie dich verplant haben, kannst du nichts anderes tun als aussteigen und nachdenken." (Z. 17 f.). Überhaupt scheint seine Beziehung zu den Eltern nicht unproblematisch zu sein, wie seine Gedanken zu Beginn der Geschichte zeigen, als er die Eltern mit den Worten „Du kannst nichts ... du machst nichts ... aus dir wird nichts." (Z. 1 – 2) zitiert. (3)
Dieses Nichts, das er in Gedanken dreimal wiederholt (Z. 3) bestimmt sein Denken und Tun in dieser Kurzgeschichte. (4) Er blickt zur Zimmerdecke, die ihm so weiß und leer erscheint wie sein bisheriges Leben (Z. 8 – 10). Auf der Suche nach sich selbst beginnt er dann sein Spiegelbild zu bemalen (Z. 33 – 40). Offenbar erträgt er das dabei entstehende Clowngesicht aber so wenig wie seine eigene Situation: Er zerschlägt den Spiegel und wendet sich wieder seinem Leben zu, indem er am Ende der Erzählung im Begriff ist, auf die Straße zu seinen Freunden zu gehen.

Die Kurzgeschichte zeigt Achim als Jugendlichen, der von seiner Umgebung verunsichert und mit seinem Dasein unzufrieden ist. Der Versuch, im wörtlichen Sinn Farbe in sein Leben zu bringen, scheitert und so wendet er sich am Ende wieder seinem Alltag zu, der damit unveränderlich erscheint. (5)

30 Minuten

(1) In der Einleitung muss auf den Text Bezug genommen werden, gut ist es auch, kurz auf den thematischen Kern der Erzählung einzugehen.

(2) Die äußere Beschreibung Achims muss kurz ausfallen, da es im Text nur wenige Hinweise gibt.

(3) Auf die Lebensumstände Achims und auf sein Verhältnis zu den Eltern kannst du ausführlicher eingehen. Hier kannst du dich auch an eine erste Deutung der vorgefundenen Kennzeichen wagen.

(4) Auffällig ist die Wiederholung von „Nichts", das einmal sogar in Großbuchstaben erscheint. Diese Textstelle bietet sich als Ausgangspunkt für die Darstellung von Achims Denken und Handeln an.

(5) Im Schlussteil solltest du eine kurze zusammenfassende Bewertung von Achim und seiner Situation abgeben.

SELBSTBEWERTUNGSBOGEN:
EINE LITERARISCHE PERSON CHARAKTERISIEREN

Folgende Bewertungspunkte solltest du erfüllen: Du hast...	Höchstpunktzahl		Deiner Meinung nach erreichte Punktzahl
die literarische Charakteristik • in einem zusammenhängenden Text verfasst, • gedanklich klar gegliedert.	5 5		
• Sachstil verwendet und • durchgehend aus der Perspektive eines außenstehenden Beobachters geschrieben.	4 4		
in der Einleitung • den Zusammenhang zwischen der Person Achims und dem literarischen Text hergestellt.	6		
im Hauptteil • die äußere Erscheinung Achims beschrieben, • seine Lebensumstände aufgezeigt, • sein Verhältnis zu den Mitmenschen dargestellt, • Auskunft über sein Denken und Handeln gegeben.	6 6 6 6	**24**	
im Schluss • eine treffende, zusammenfassende Wertung abgegeben.	6	**6**	
in deinem Aufsatz • die wichtigsten Informationen richtig gebündelt, • sinnvoll zusammengefasst, • deine Darstellung durch direkte oder indirekte Zitatstellen belegt.	4 4 4	**12**	
Zwischensumme für die inhaltliche Darstellung		**66**	

bei der sprachlichen Darstellung • auf vollständige Sätze und abwechslungsreichen Satzbau geachtet, • treffende Verben und Adjektive verwendet, • die richtige Zitierweise beachtet, • auf die wichtigsten Regeln der Rechtschreibung, • die korrekte Grammatik und Zeichensetzung geachtet, • im passenden Tempus (Präsens) geschrieben.	3 2 3 2 2 2	**14**	
Summe insgesamt		**80**	

MEIN ERGEBNIS

Punkte	80–75	74–69	68–63	62–57	56–51	50–45	44–38	37–31	30–24	23–17	16–0
Note	1	1,5	2	2,5	3	3,5	4	4,5	5	5,5	6

11

LÖSUNGEN

Textproduktion: Einen Tagebucheintrag verfassen

KA Seite 79

VORARBEITEN

1) Lies die Geschichte genau und markiere wichtige Erzählschritte.
2) Untersuche die Geschichte im Hinblick auf:
   - Thema,
   - Handlungsverlauf,
   - Charaktere der Figuren,
   - Personenkonstellation,
   - Sprache.

Beachte, dass du dich zu diesen Aspekten nicht schriftlich äußern musst; sie müssen dir allerdings vertraut sein, da du sie in deinem Tagebucheintrag berücksichtigen sollst.

3) Erstelle dann einen Schreibplan, in welchem du die wichtigsten Aspekte des Tagebucheintrags festhältst.

DER SCHREIBPLAN

Einleitung:
Grund für den Tagebucheintrag

Hauptteil:
Reflexion des Gesprächs:
- Der Vater hat den blauen Brief gefunden.
- Der Sohn wollte diesen noch abfangen, um die Eltern darauf vorbereiten zu können.
- Der Vater droht dem Sohn mit der Hauptschule und wirft ihm vor, dass er faul sei.
- Der Sohn reflektiert diesen Vorwurf und kommt – teilweise – zu einem anderen Ergebnis.
- Der Sohn wird laut und ausfallend, als der Vater ihm vorschlägt, in ein Internat zu wechseln.
- Der Sohn denkt über sein Verhalten nach.
- Die Mutter kommt hinzu und beruhigt die Situation.
- Die Stimmung des Sohns hellt sich beim Tagebuchschreiben wieder auf.

Schluss:
Folgerungen aus dem Gespräch

🕓 **20 Minuten**

TIPP

Gliedere den Hauptteil in Sinnabschnitte. Setze dich dabei Schritt für Schritt mit dem Gespräch mit den Eltern auseinander. Kommentiere es und schreibe deine Gedanken dazu nieder. Fülle die Leerstellen des Textes sinnvoll (dazu musst du Unausgesprochenes, aber Mögliches in deinen Text einfließen lassen).

AUFSATZ

War das heute ein Abend!

Das Gespräch mit meinem Vater eben war schon heftig. Will er mich wirklich in ein Internat stecken? Ich weiß es nicht, ich bin jetzt ganz wirr im Kopf. (1)

Eigentlich hat der Abend ganz friedlich angefangen, mit Lesen bei Ma im Arbeitszimmer. Als mein Vater kam, habe ich ihm sofort angesehen, dass etwas nicht stimmt. Und als er mich dann zu dem Gespräch ins Wohnzimmer mitnahm, war klar, dass er nicht vor Ma mit mir reden wollte. Und dann rückte er raus (2): Der blaue Brief! Ich bin ja mächtig erschrocken, dass er schon Bescheid weiß. Dabei habe ich noch gehofft, ich könnte den Brief abfangen – nicht verschwinden lassen, das hätte sowieso keinen Sinn, aber eben ein paar Tage zurückhalten, solange, bis ich meinen Eltern schonend hätte beibringen können, dass ich in Mathe, Chemie und Physik auf 5 stehe. Ich habe gehofft, Mutter hätte Verständnis. Sie weiß ja, dass ich in den Naturwissenschaften nicht gut bin. Deutsch, das liegt mir, da habe ich eine 2. Das ist wohl ein Gen von Mutter, sie schreibt ja auch Bücher, Jugendromane. (3) Aber nun hat Vater den blauen Brief gefunden. Das ist Schicksal.
Doch dass er mir dann mit der Hauptschule gedroht hat, obwohl ich sagte, ich würde das Schuljahr schon noch schaffen, das war schon der erste Hammer. Und dann wirft er mir indirekt auch noch vor, dass ich dumm bin! Faul ja, das hätte ich zugegeben. Ich weiß, dass ich faul bin, aber auch nur in den Naturwissenschaften. In Deutsch, Englisch und Französisch klappts prima, ich bin eben einseitig begabt. Und die Sprachen machen mir ja auch Spaß, das weiß auch mein Vater, da arbeite ich viel, in den Sprachen bin ich überhaupt nicht faul. Und dann hat er voll ausgepackt: Internat! Ich soll auf ein Internat! Wozu denn? Da werde ich auch nicht besser. Aber Vater hats leichter. Keine Verantwortung mehr für mich. Die kann er ja dann auf das Internat abschieben. (4) Ich bin immer noch wütend, wenn ich daran denke.

(1) In der Einleitung musst du den Bezug zum vorangegangenen Gespräch deutlich machen.

(2) Umgangssprachliche Wendungen wie „rückte er raus" sind im Tagebuch eines Jugendlichen erlaubt. Das ist aber nicht immer so: Sollst du z. B. aus der Perspektive einer älteren oder sozial höher stehenden Person schreiben, musst du deren Stil nachahmen. Insgesamt ist es wichtig, dass der Tagebucheintrag authentisch wirkt.

(3) Der Hinweis auf die schriftstellerische Tätigkeit der Mutter ist erfunden, er geht nicht auf den Romanauszug zurück. Indem du aber derartige Zusatzinformationen einfügst – die natürlich in sich schlüssig sein müssen – zeigst du, dass du dich mit dem literarischen Text auseinandergesetzt hast.

(4) Auch diese Begründung für die Idee des Vaters, Moon in ein Internat zu geben, ist Spekulation. Genau das macht aber die Qualität des Tagebucheintrags aus: Der Tagebuchschreiber überlegt, wie etwas Gesagtes gemeint sein könnte.

Dann habe ich wohl ungeschickt reagiert. Ich würde doch nie jemand umbringen, nicht einmal abhauen. Aber was sollte ich denn sagen?
Inzwischen war Mutter dazugekommen, wahrscheinlich hat sie mich schreien gehört. Und als sie erfuhr, was Vater mir angedroht hat, war sie auch alles andere als begeistert. Damit war das Thema Internat eigentlich vom Tisch, denn am Ende meinte Vater nur, ich solle viel für die Schule tun und ich dürfe die Klasse nicht wiederholen.
Wenn ich es mir so recht überlege, ist es das, was ich sowieso tun wollte: viel lernen. Schon allein, damit ich in den Ferien mit ins Zeltlager gehen kann. In Chemie und Physik, da habe ich echt Chancen noch bis zum Schuljahresende auf die 4 zu kommen. Die eine 5 in Mathe krieg ich nie weg – aber wegen der falle ich nicht durch. Eigentlich eine ganz klare Sache und gar keine Aufregung wert. War nur blöd, dass Vater den blauen Brief gefunden hat. (5)

(5) Der Schlussteil rundet den Tagebucheintrag ab: In diesem Fall zieht der Tagebuchschreiber ein Resumee und bezieht sich noch einmal auf den Auslöser des Streits, den blauen Brief.

🕓 **25 Minuten**

SELBSTBEWERTUNGSBOGEN: EINEN TAGEBUCHEINTRAG VERFASSEN

Folgende Bewertungspunkte solltest du erfüllen: Du hast ...	Höchstpunktzahl		Deiner Meinung nach erreichte Punktzahl
den Tagebucheintrag • in einem zusammenhängenden Text verfasst, • gedanklich klar gegliedert.	4 4	8	
dem Tagebucheintrag eine passende Überschrift gegeben.	4	**4**	
durchgehend aus der Perspektive des Sohns geschrieben.	4	**4**	
mit der Einleitung • sinnvoll an den literarischen Text angeknüpft, • einen stimmigen Grund für den Tagebucheintrag angegeben.	4 4	**8**	
im Hauptteil • die wesentlichen Inhalte und • den Verlauf des Gesprächs wiedergegeben, • wichtige Gesprächsinhalte sinnvoll kommentiert und • durch eigene Gedanken ergänzt, • schlüssige Zusatzinformationen eingefügt.	4 4 4 4 4	**20**	
im Schluss • das Gespräch treffend zusammengefasst, • ein passendes Resümee gezogen, • den Gesprächsanlass noch einmal aufgenommen.	4 4 4	**12**	
dem Tagebucheintrag • durch seinen Inhalt, • durch die verwendete Wortwahl und • durch die Satzgestaltung eine authentische Wirkung verliehen.	4 4 4	**12**	
Zwischensumme für die inhaltliche Darstellung		**68**	

bei der **sprachlichen Darstellung** • auf vollständige Sätze und abwechslungsreichen Satzbau geachtet, • wörtliche Rede in indirekter Rede oder als Zusammenfassung wiedergegeben, • auf die wichtigsten Regeln der Rechtschreibung und • die korrekte Grammatik und Zeichensetzung geachtet, • im passenden Tempus (Präteritum/Präsens) geschrieben.	2 2 3 3 2	**12**	
Summe insgesamt		**80**	

MEIN ERGEBNIS

Punkte	80–75	74–69	68–63	62–57	56–51	50–45	44–38	37–31	30–24	23–17	16–0
Note	1	1,5	2	2,5	3	3,5	4	4,5	5	5,5	6

Einen Sachtext erschließen, Sprachkompetenz und Grammatikkenntnisse überprüfen

12

LÖSUNGEN

KA Seite 82

TEIL 1: TEXTE LESEN UND VERSTEHEN

LÖSUNG ZU AUFGABE 2

Bewertung:
5 Punkte,
je Textabschnitt 1 Punkt

Textabschnitte zusammenfassen

Abschnitt 1:
Die Schüler der METI-Schule helfen sich gegenseitig, die Lehrer greifen nur ein, wenn die Kinder selbst nicht weiterkommen.

Abschnitt 2:
Den Schülern der METI-Schule macht der Unterricht Spaß, besonders in Mathematik, weil sie dort lernen können ohne die Angst, wie in ihrer früheren Schule geschlagen zu werden.

Abschnitt 3:
Weil die Lehrer der Meinung sind, dass die Schüler besser lernen, wenn sie sich wohlfühlen, ist die METI-Schule ansprechend ausgestattet und bietet auch Rückzugsräume zum Lesen und für Gruppenarbeiten.

Abschnitt 4:
Die meisten Eltern im Dorf sind Reisbauern und haben keinen schulischen Abschluss.

Abschnitt 5:
Die Schüler der METI-Schule sehen der Abschlussprüfung gelassen entgegen und haben keinen Zweifel daran, dass sie diese bestehen.

LÖSUNG ZU AUFGABE 3

Bewertung:
5 Punkte, je vollständigem und in sinnvollem Zusammenhang stehenden Satz 1 Punkt

Textzusammenfassung

Die METI-Schule im Norden von Bangladesh ist anders als andere Schulen: Weil die Lehrer der Meinung sind, dass die Schüler besser lernen, wenn sie sich wohlfühlen, ist die METI-Schule ansprechend ausgestattet und bietet auch Rückzugsräume zum Lesen und für Gruppenarbeiten. Den Schülern der METI-Schule macht der Unterricht Spaß, besonders in Mathematik, weil sie dort lernen können ohne Angst zu haben, wie in ihrer alten Schule geschlagen zu werden. Sie helfen sich gegenseitig, die Lehrer greifen nur ein, wenn die Schüler selbst nicht weiterkommen. Während die meisten Eltern im Dorf Reisbauern sind und keinen schulischen Abschluss haben, sehen die Schüler der METI-Schule der Abschlussprüfung gelassen entgegen und haben keinen Zweifel daran, dass sie diese bestehen.

TEIL 2: SPRACHKOMPETENZ

LÖSUNG ZU AUFGABE 4

Bewertung:
4 Punkte

Sprachlichen Ausdruck verbessern

In Deutschland gibt es seit Anfang des 19. Jahrhunderts die allgemeine Schulpflicht; sie wurde zuerst 1807 in Preußen **eingeführt**.
Das Ziel war, den Staatsbürgern wichtige Grundfertigkeiten zu vermitteln, z. B. Lesen und Schreiben. Das war nötig, um die Bürger am Fortschritt teilhaben zu lassen und aus ihnen **brauchbare** Arbeiter, die dann auch in Industriebetrieben eingesetzt wurden, zu machen.
Heute ist es **unvorstellbar**, dass ein Kind nicht zur Schule geht und ein Erwachsener sich Texte vorlesen lassen muss, weil er selbst nie Lesen **gelernt** hat.

LÖSUNG ZU AUFGABE 5

Bewertung:
3 Punkte

Antonyme finden

a) Die **meisten** Schulen in Deutschland sind staatliche Schulen.

b) Ganztagschulen sind eher **selten** anzutreffen.

c) Der **Vorsprung** ist kaum noch aufzuholen.

LÖSUNG ZU AUFGABE 6

Bewertung:
5 Punkte

Kommas setzen

Im antiken Athen begann der schulische Alltag für Kinder mit etwa sechs Jahren – allerdings nur für die Jungen, die Mädchen wurden zu Hause in den alltäglichen Dingen unterrichtet. Doch auch der Schulunterricht war nicht akademisch-abstrakt; ganz im Gegenteil: Im Mittelpunkt der Erziehung stand der Sport. Die Knaben sollten tüchtige Kämpfer werden, keine Gefahr oder Anstrengung scheuen, aber dabei auch den Intellekt ausbilden. Sie mussten lesen, schreiben und weite Teile aus den homerischen Epen auswendig lernen. Homer gilt heute als Erzieher der griechischen Jugend in der Antike und wirklich dienten seine Werke dazu, den Charakter der Heranwachsenden zu bilden und ihr Wertebewusstsein in die gewünschte Richtung zu lenken. Eine wichtige Rolle spielte auch die musische Bildung: Deshalb mussten die Schüler auch das Spiel auf der Leier und Flöte erlernen.

TEIL 3: GRAMMATIK

LÖSUNG ZU AUFGABE 7

Bewertung:
3 Punkte

Aktiv – Passiv

a) In der METI-Schule werden die Schüler von ihren Lehrern unterstützt.

b) Die Themen werden von den Schülern gemeinsam im Unterricht diskutiert.

c) An traditionellen Schulen helfen die Lehrer den Schülern nicht.

LÖSUNG ZU AUFGABE 8

Bewertung:
3 Punkte

In die indirekte Rede umformen

a) Lehrer Rogon Roy lobt die Jungen, sie hätten ihre Sache gut gemacht.

b) Poritosh meint, die Frage sei nicht, ob sie bestünden, sondern wie gut.

c) Poritosh sagt, er möchte später Ingenieur werden.

LÖSUNG ZU AUFGABE 9

Bewertung:
3 Punkte

In den Konjunktiv II umformen

a) Subraoto erzählt, die Lehrer hätten ihnen nicht geholfen, sie hätten sie nur geschimpft.

b) Subraoto sagt, sie wären bestens vorbereitet.

c) Subraoto erzählt, sie hätten ständig Schläge erhalten.

LÖSUNG ZU AUFGABE 10

Bewertung:
3 Punkte, je richtig gefundenem Modalverb 1 Punkt

Modalverben finden und unterstreichen

a) In vielen Schulen in Bangladesh werden Kinder geschlagen, wenn sie etwas nicht verstanden haben.

b) In der METI-Schule dürfen sie fragen.

c) Wenn sie dort etwas lernen wollen, finden sie günstige Voraussetzungen vor.

d) Die Klassenzimmer sind ansprechend gestaltet, die Schüler können sich auch in Höhlen zurückziehen.

e) Es gibt auch einen Hochsitz aus Bambus.

MEIN ERGEBNIS

Punkte	34–31	30–27	26–24	23–21	20–18	17–15	14–12	11–9	8–6	5–3	2–0
Note	1	1,5	2	2,5	3	3,5	4	4,5	5	5,5	6

Bildnachweis:

S.10: „Vater und Sohn" in Gesamtausgabe Erich Ohser, Südverlag GmbH, 2000

S.18: Dackel: Fotolia LLC, valpictures, New York

S.55: UNICEF: UNICEF Deutschland, Frau Claudia Oberascher.

Textnachweis:

S.12 f: „Die 18. Geschichte erzählt, wie Eulenspiegel in einem Spital an einem Tag alle Kranken ohne...", aus: „Ein kurzweiliges Leben von Till Eulenspiegel", hrsg. von Gerhard Steiner, Bund Verlag, Frankfurt am Main, 1983.

S.30 f: Kathrin van Booth: „Ein Kindheitstraum geht in Erfüllung", aus: „Treff Jugendbuch 1992", hrsg. von Klaus Ruhl, Velber Verlag, Seelze, 1992.

S.39: Internationale Gesamtschule Heidelberg: „Streit schlichten", aus: http://www.igh.bw.schulde.de, Heidelberg, 2000.

S.41: Karin Jeffreys-Duden: „Streit schlichten lernen", aus: Zeitschrift für Pädagogik, Verlagsgruppe Beltz & Gelberg, Weinheim, 1999.

S.43 ff: Josef Reding: „Apotheke Vita Nova", aus: „Fundgrube: Zeichen der Hoffnung", hrsg. von Werner Trutwin, Patmos Verlag, Düsseldorf, 2004.

S.46 f: Ingrid Kötter: „Nasen kann man so und so sehen", aus: „Edition Bücherbär".

S.70: Jörn von dem Kampe: „Kakteen, Festungen des Lebens", aus: „GEOkompakt Nr. 12", Verlag Gruner + Jahr AG&Co.KG, Hamburg, 09/2007.

S.73 ff: Per Nilsson: „Saras Brieftasche", aus: „Du & du & du", übersetzt von: Brigitta Kicherer, Verlag Friedrich Oetinger GmbH, Hamburg, 1999.

S.77 f: Margret Steenfatt: „Im Spiegel", aus: „Augen aufmachen", aus: „Siebtes Jahrbuch der Kinder- und Jugendliteratur", hrsg. von Hans-Joachim Gelberg, 1984.

S. 79 ff: Nicole Meister: „Wir reden morgen wieder darüber", aus: Moons Geschichte, Arena Verlag, Würzburg, 1993.

S. 82 f: Stefanie Wilhelm: „Bangladesch: Eine etwas andere Schule!", aus: www.geo.de/GEOlino/mensch/56432.html, Verlag Gruner & Jahr AG&Co.KG, Hamburg, 2008

Der Verlag hat sich nach bestem Wissen und Gewissen bemüht, alle Inhaber von Urheberrechten an Texten und Abbildungen zu diesem Werk ausfindig zu machen. Sollte das in irgendeinem Fall nicht korrekt geschehen sein, bitten wir um Entschuldigung und bieten an, gegebenenfalls in einer nachfolgenden Auflage einen korrigierten Quellennachweis zu bringen.

Topfit in der nächsten Klassenarbeit!

Klassenarbeiten wie in der Schule

- 24 Klassenarbeiten zu allen wichtigen Themen der Klassen 5 – 8 zeigen dir, was drankommen kann.
- Die Zeitvorgabe und die vorgegebenen Punkte für jede Aufgabe schaffen eine „echte" Klassenarbeitssituation
- Lösungen mit Tipps und genaue Hinweise zur Punktevergabe ermöglichen dir das selbstständige Korrigieren
- Hast du die Punkte zusammengezählt, kannst du direkt deine Note ablesen und weißt genau, wie gut du bist!

Klassenarbeiten wie in der Schule
Deutsch 5. – 8. Klasse
Gymnasium
ISBN 978-3-12-927062-2

Klassenarbeiten wie in der Schule
Englisch 5. – 8. Klasse
Gymnasium
ISBN 978-3-12-927063-9

Klassenarbeiten wie in der Schule
Mathematik 5. – 8. Klasse
Gymnasium
ISBN 978-3-12-927064-6

Diese und weitere Klett-Lernhilfen sind im Buchhandel erhältlich.